気になる占い師、ぜんぶ占ってもらいました。

さくら真理子

幻冬舎文庫

気になる占い師、ぜんぶ占ってもらいました。

はじめに　都内で起きた白蛇の怪

千駄ヶ谷にある、東京体育館のプールで泳いだある日のこと。

帰り道を歩いていると、道の脇の茂みから「ガサガサッ」と音がした。

音のするほうを見ると、細長い白蛇がいるではないか。すっくと直立して、下のほうはグルグルととぐろを巻いている。ゆうに全長2メートルはあるだろう。

私は「逃げないと危ない！」と思ったものの、足がすくんで動かない。

と同時に、白蛇は神様の使いで、縁起が良い存在だったことを思い出した。

蛇はチロチロと赤い舌を出しながら、真っ直ぐに私の目を見つめていた。よく見ると、真っ白ではなく、少しだけ金色がかっている。

携帯のカメラで写真を撮るかどうか迷ったが、止《や》めた。罰が当たりそうだ。

白蛇は微動だにせず私を見つめていたが、私は構わずその場から立ち去ることにした。

数歩進んだところで、さすがに気になったので、後ろを振り返ってみた。

すると、先程は気づかなかったが、私の後方から人が歩いてきていた。ここは見通しの良い一本道だから、そのまま歩いてくれれば嫌でも2メートルの白蛇が目に入る。

「きっと大騒ぎするだろうな」

ところが予想に反し、通行人は何事もなかったかのように通り過ぎていく。

白蛇がいたはずの場所に目を移すと、もう姿はなかった。真っ昼間だというのに、白蛇を見たのは私だけのようだ。後日インターネットで調べてみたが、いくら検索しても「白蛇を見た」という書き込みはひとつも見つからなかった。


この白蛇との出会いは、占い業界にライターとして留まり続けるかどうか、迷っていた私の背中を押す出来事となった。

占いでは、白蛇の目撃は金運の上昇を意味する。

「この方向で間違っていない！」

私はこれからの、この世界との関わり方に、確信を持つに至った。

私が占い分野に興味を持ち始めたのは、20代前半の頃だ。

自分の将来に希望が持てず悶々としていたある日、道を歩いていると、どこからか声が聞こえてきた。

「求めよ、さらば与えられん」

するとしばらくして、子どもの頃から憧れていた「文筆家」という職業に就くことができた。精神世界の専門誌のインタビューライターになれたのだ。

あの声は、人間のそれとは明らかに違っていた。

私は天の神様からの声だったと思っている。

ところが、そこから転落人生が始まった。

もともと占いに興味はあったが、取材先で知り合った占い師や霊能者の鑑定を受けたことをきっかけに、私は占い師を転々とする「占い難民」になってしまったのだ。

霊視、催眠療法、前世療法、手相やタロットカード、パワーストーンやお札・護符だけではなくスピリチュアルアート、フラワーエッセンス、覚醒系のヒーリングなどにも次々に手を出し、そのひとつひとつに没頭した。

その結果、ライターとして稼いだお金はおろか、WワークでOLとして働き、コツコツと貯めた老後貯金も、ほぼ全額占い師や霊能者につぎ込んでしまった。占いやセミナーなどに、少なく見積もっても1000万円以上は投資してきた。

そのうえ私の20代から30代の時期は、「金なし、男なし、友人なし」のどん底であった。私が占い難民の蟻《あり》地獄から無事に抜け出し、今では自信を持って人生を歩んでいけるのは、〝本物〟の占い師や霊能者と出会い、彼らの教えのおかげで目覚めたからに他ならない。

これは騙《だま》されまくった私だから断言するが、占い業界にはものすご〜く偽物が多い。しかし、ほんの一握りしかいない本物と出会うことができれば、宇宙からの予測もしないアドバイスを受け取り、人生を好転させることが可能だ。

ただし、ここが肝心だが、初心者にとっては、占い師や霊能者が本物か偽物か見分けるのは至難の業だ。

かつての私のように占い難民化し、大金をつぎ込んで道を踏み外すのが関の山だろう。読者であるあなたに、私と同じ失敗はして欲しくない。

そこで本書では、占い難民として遭遇した、数々のトンデモ体験を紹介するとともに、1000万円以上を費やして編み出した、本物の占い師や霊能者を見分ける技術を、ノーカットでお届けしたいと思う。

本書を読み終える頃には、どんな人でも自分を変える、三次元の世界では手に入れることのできない「宇宙レベルの声」を占い師や霊能者から引き出せるようになるはずだ。

もくじ

第3章　再現！ 占い師の名回答・珍回答

第5章　宇宙レベルの声を聞く11箇条

第1章
占い難民・真理子の「今日も騙されました！」

ボロボロの服で現れた貧乏占い師

　A氏と会ったのは赤坂のカフェ。雨がそぼ降る日曜日だった。約束の時間に5分遅れてやってきたA氏は、ボロボロのジーンズにTシャツ姿で、男性なのに髪にはプードルみたいなパーマをかけていた。そして、鞄のなかからガサガサとスーパーのビニール袋を取り出すと、雨に濡れた折りたたみ傘をしまった。

　それを見て、「貧乏臭い人だな」と思い、ふとA氏の足元を見てみると、スニーカーには小さな穴が開いていた。新品を買う余裕がないのだろうか。そういえばなんだか体が臭う気もする……。


　A氏は、ある占いイベントで知り合いになったオラクルカードの使い手だ。オラクルカードとは、簡単に言えばタロットカードのルールをもっと簡単にしたもの。

　タロットカードでは、大アルカナ・小アルカナのカードが全部で78枚あり、その絵柄のモチーフは、ソード（剣）、ワンド（棒）、ペンタクル（貨幣）、カップ（杯）と決まっているが、オラクルカードは、枚数は大体35～50枚程度と少なく、カードの絵を見るだけで素人にも意味がわかるようになっている。天使やイルカなど、絵のモチーフがいろいろとあって楽しい。

余談になるが、オラクルカードは、出版社にコネさえあれば、素人でも簡単に作れる。だから、いい加減な作者が作った質の悪いカードも出回っているので、買う際には注意したほうがいい。

私は、ハワイをモチーフにしたオラクルカードの作者に会ったことがあるが、その作者は、「ハワイになんて行ったこともありませんよ。なんとなく売れそうだからハワイをモチーフにしました。ハイビスカスの花やイルカを描けば、それっぽくなりますしね。お金？　思ったより稼げました。それで初めてハワイ旅行に行こうと思います」などと語っていた。

だが、それを聞いて、「うらやましい」と思ってしまった私こそ、性根が腐っている。

話を元に戻そう。

A氏は年齢を明かしていないが、見た目からするとおそらく40代後半。あるイベントに参加したとき、A氏がカードと霊視を組み合わせて鑑定しているのを見て、「本当に当たるのだろうか」とがぜん興味が湧いた。そこで、個人的に連絡を取って、1時間5000円の鑑定をお願いしたというわけだ。

ちなみに、「1時間5000円」という料金相場は占い業界ではリーズナブルなほうだ。通常は15分3000円ほどで、海外の有名人になると、1時間8万円という鑑定も当たり前にある。

鑑定してもらってわかったのは、A氏はカードを使わなくてもほとんどを霊視で読み取ることができるが、クライアントに未来をイメージしてもらうためにカードの絵を利用しているということだ。本来はカードを使わない霊視が得意で、そのなかでも相手の気持ちを読み取る「透視リーディング」の使い手であった。

たとえば、私がかつて恋した男性について話していると、「君はその人にドキドキするというよりは、家族みたいに安心して話せるから、彼を好きになったんだよね」という具合に、他の誰にも話したことのないような心の動きを絶妙に言い当ててみせた。

さらに、A氏は見た目の割には気前が良かった。その日は1時間の鑑定をする約束だったが、A氏は時間外で1時間も延長してくれて、千葉県の房総半島からはるばる来てもらったのに「交通費はタダでいいよ」と、料金をまけてくれた。

私はそれを聞いて、内心で「ラッキー！」と喜んだが、A氏のボロボロに破けたジーンズや穴の開いたスニーカーを見ていると、「サービスしなくていいからジーンズを買え」「風呂にも入れ」という気持ちが湧いてきてしまった。

というわけで、A氏の鑑定には満足したが、彼は最後にポロリと気になる一言を残した。

「僕は霊能力が並外れて高いけど、子どもの頃からお金にだけは恵まれないんだ」

私は、「本物の霊能者が貧乏なんてことが有り得るのだろうか」とふと疑問に思った。


私の悪い予感は的中した。

それから数年後、私はこのときのA氏の鑑定が的外れだったことに気づくのだ！

たとえば、私が2時間もクドクドと続けた相談のなかには、「好きな人と喧嘩をしてしまい、相手にLINEをブロックされ絶縁したが、彼にもう一度会えるか」という未練がましい内容があったが、貧乏占い師のA氏は、「君に恋のキューピッドの男性が現れて、彼ともう一度引き合わせてくれるよ！」と、自信満々に答えていた。

しかし、それからもう5年以上も経つが、その男性とは一度も会えていない。恋のキューピッドはいったいいつ現れるのかと、待ち続けた日々を返して欲しい。

さらに怖いのが、このときのA氏の言葉が「言霊《ことだま》」となって、今でも私を縛り付けていることだ。

もちろん、A氏の鑑定を受けた後にも、たくさんの男性と出会って恋愛をしてきた。

しかし、彼らとの関係が危機を迎えるたびに「この人はきっと私の運命の人じゃない！

そのうちに恋のキューピッドが現れて、あの人ともう一度恋に落ちる運命なんだから！」と、根拠のない期待を抱いてしまい、思い切って別れてしまうということを、何度も繰り返す羽目になったのだった。

もしこのとき、A氏の言葉に踊らされずに現実を見据え、私のほうから詫びを入れ、彼らと仲直りしていれば、そのうちのひとりと今頃結婚して、子どもを2人は授かっていただろう。もしかすると、世田谷区とは言わないが、足立区や板橋区あたりにマイホームが建っていたかもしれない。

言霊というのは人の人生をガラリと変えてしまうほど強力なパワーがあると実感させられる。

もっとも、このA氏のように、「現在のことは透視できても未来が見えない」というのは、占い師や霊能者にはよくあることなので、未来が霊視できない人に騙されないようにして欲しい。

なぜ、こんなことが起きるのかというと、占い師自身のエネルギーが汚れていて、他人の未来が見えにくくなっているからだ。眼鏡のレンズが曇っていると、目の前のものが見えないのと同じことだ。

後でわかったことだが、このとき、A氏には年下の妻がおり、離婚協議中であった。おまけに妻とは別に若い女性と交際していて、その女性はうつ病を患い「私と結婚しないと自殺してやる〜！」と夜な夜な叫んでいるという話を人づてに聞いた。

さらに尻軽なA氏は、この愛人とも別れ、いつからか私に狙いを定め、何度も執拗にデートに誘い、無視すると真夜中の2時に20通以上もＬＩＮＥメッセージを送りつけるという奇行に走った。

恐怖に駆られた私がA氏のブログを過去に遡って読んでみると、彼の占い業は副業に過ぎず、本業はシステム開発エンジニアであることが判明した。同じ職種の知り合いに、A氏について話してみたところ、「貧乏なんて信じられない！　システムをひとつ立ち上げるだけでも１０００万単位でお金が入ってくるのに」と怪訝《けげん》そうにしていた。

ともあれ、A氏との一件で私は、「貧乏なのはともかく、本人が幸せを手に入れてない人に、他人を幸せにできるわけがないよね、トホホ」と思い知ったのであった。

おかしな金銭感覚を持った少女

サイキック少女のW子とは、都内で毎年行われている大規模な占いイベントの取材で出会った。「サイキック」というのは、霊能者のなかでも、特に超能力的なパワーを持っている人のことを言う。

他にも、霊能者にはたくさんの種類がある。

代表的なのは、亡くなった人の霊と会話ができる「ミディアム」、宇宙からメッセージを降ろす「チャネラー」、体のなかに宇宙人の魂が宿ったまま地球で活動している「ウォークイン」などだ。

W子は人間のオーラや過去・未来がよく見えた。

風貌こそ少女だったが、出会った頃は39歳で私よりも年上。髪はボサボサでノーメイク。また極度の近眼らしく、漫画に登場する学級委員長のような瓶底眼鏡をかけていた。

初めてW子に会ったとき、「どこを見ているのかわからない人だな」と思ったが、後になって、初対面の私のオーラから情報を読み取っていたために、不思議な目つきになっていたことが判明した。

オーラを読み取る能力といえば、著名なスピリチュアルカウンセラーのE氏が披露して世間でも話題となったが、オーラには赤や黄などの色が付いているだけではなく、その人の前世や未来、過去に体験した出来事、エネルギーの状態など、生命活動に必要なすべての情報がインプットされている。

だから能力が高い者同士では、「このほうが早いから」と言って、名刺代わりにお互いの情報をオーラで交換しているという。これは冗談ではない。

さて、W子の服装は田舎のイモ娘といった様子で、正直に言うとダサかった。

あまり友人として仲良くなりたいタイプではなかったが、同じくイベントで出会った宇宙系チャネラーのQ氏が、「あの子がキミの親友になるというサインを宇宙から受け取ったよ。だから、キミは彼女と仲良くしなさいね」と、私たちに無理やり、メールアドレスを交換させたのだった。

それから半年後、乗り気ではなかったが、「仕事上の悩みを無料で鑑定してくれるかも」という下心があって、W子に初めてコンタクトを取ってみた。

すると、すぐに「日比谷公園で待ち合わせをしましょう」という気さくな返事が来たので、自分の浅はかな下心を恥じた。

ところで、なぜ、待ち合わせ場所が日比谷公園なのか。これは後でわかった話だが、W子は強すぎるサイキック能力がゆえに他人のエネルギーに敏感で、混んでいるカフェやレストラン、居酒屋などには行けないのだという。

W子と仲良くなった後、新木場駅近くの夢の島公園での待ち合わせを提案して断られたことがあった。彼女が言うには、ここにはアメリカの水爆実験で被爆した漁船「第五福竜丸」が展示されており、その悲劇に「許せない！」と憤る、日本人の波動のエネルギーが、常に公園一帯に広がっているのだという。

確かに、「第五福竜丸」が被爆した当時は、広島・長崎の原子爆弾に続く3回目の核による被害ということで、「断固許すまじ！」というすさまじい国民感情が渦巻いたそうだ。そうしたエネルギーが公園に広がっているのも、頷ける話である。

そういった歴史的な経緯を知っていて、W子が夢の島公園を怖れているのかとも思ったが、彼女は「安倍晋三って誰ですか？」と言い出しかねないくらい世間の情報にうとい。

おそらくその特殊な能力から「第五福竜丸」の歴史を読み取ったのだろう。

W子との再会は半年ぶりであったが、その服装は相変わらず。というより、あれから半年が過ぎて夏が来ようとしているのに、前回イベントで会ったときとほぼ同じ服装をしていたのだ。

まさか洋服を買うお金がないのでは……。

嫌な予感が頭をよぎったが、W子は話してみると意外に面白い人だった。さすが、チャネラーのQ氏が宇宙から、「親友になる」とメッセージを受け取っただけのことはある。

W子の性格は浮世離れしていて、それこそ宇宙人のようだったが、常識人の私にとっては、それが新鮮だった。

2人で道を歩いていると、突然、「真理子さん、一緒に歌を歌いましょう！」と歌わされたり、ダンスを踊らされたりした。「霊能力が異常に発達すると浮世離れする」とは話に聞いていたが、それが彼女といると実に納得がいった。

W子は五次元宇宙と交信できても、三次元の地球で他人と関わって働くことが苦手だと話していた（ちなみに、2つの間の四次元は「幽界」、つまり死後に行く世界を指す）。

会社に入ってもいじめられてすぐに首になってしまうので、「もう会社では働きたくありません」とこぼしていた。「さもありなん」と思ったものの、エンジニア兼占い師のA氏と同様、お金に困っている様子には同情した。

もしかして、「他人のエネルギーの影響を受けやすいから公園で遊びたい」と話していたのも、カフェに行くお金がないからでは……？　との疑問が頭をもたげる。極めつけは、公園で遊んだ後に、「喉が渇いたからカフェに寄る？」と誘うと「カフェじゃなくてコンビニに行きましょう」と言い出し、1本98円の大容量のお茶を買っているではないか。

ところが驚いたことに、カフェに行くお金はないのに、「アクアパーク品川」という水族館の年間パスポートは持っていたのだ。同館の通常料金は2200円、年間パスポートは4200円である（2018年1月時点）。

確かにお得だが、1年間にそう何度も同じ水族館に行くだろうか。

本人を追及してみると、「よくぞ聞いてくれた」と言わんばかりの顔になった。

「あの水族館のイルカプールは、エネルギー波動がとても良いからです。それに、天井がピラミッド型になっているので、瞑想をするにはもってこいなんですよ！」

とはいえ、年間パスポートを買うお金があるなら、友だちに付き合ってカフェくらい行って欲しいと思った。

そんなW子だったが、そのヒーリング能力は貧乏なエンジニア兼占い師のA氏と違って、抜群であった。たとえば、W子がお勧めする東京都内最高のパワースポットのひとつ、皇居外苑の芝生広場で、ヒーリングを受けたときのこと。

芝生に横たわると、W子がネイティブアメリカンに譲り受けたという縦笛を吹き始め、どこか物悲しい音を響かせる。

また、人体に7つあると言われている「チャクラ」というエネルギーセンターに意識を集中させてアクセスし、それを全開にして宇宙と繋げるというサイキックな施術も受けた。

このときは強烈なパワーを感じ、自分の額にある第六チャクラ（通称・第三の眼）がパチッ、パチッという音とともに実際に開いていくのがわかった。

終わると、W子から、「真理子さんは額にお坊さんが座っています。その人が『独身サイコー!』『孤独万歳!』と言っているから、真理子さんはいつまで経っても結婚できないんですよ」と衝撃的な宣告を受けた。

「すぐにそのお坊さんを追い出して!」と頼むと、「それは別料金になります」と、ちゃっかり高額な料金を請求されたので止めておいた。が、W子の言葉どおり、それから私はずっと独身なので、大枚をはたいてでもお坊さんを追い出すべきだったのだろう。

そんな素晴らしいヒーリング能力を持っているW子だったが、実は、予知能力については未確認である。

貧乏なA氏との事件があって依頼、私はお金に困っている人から未来についての鑑定は受けないことにしていたからだ。

そんなわけでW子と親友になった私だったが、ある日突然、W子がイギリスに渡ってしまい、会えなくなった。

その理由が驚きであった。

W子の少女のような見た目から、私はてっきり彼女が独身だと思い込んでいたが、実はイギリス人と結婚していたのだ。結婚願望が強い私は、「既婚者! しかも外国人となんて!」

と、軽く敗北感に見舞われたが、W子から夫の年齢が60歳と聞いて胸をなでおろした。

その夫はイギリス北部のフィンドホーンに暮らしているという。ここは世界的に有名なニューエイジ・コミュニティであり、「不毛の地に妖精が現れ、巨大な野菜が育つようになった」など、多くの都市伝説が伝わる場所である。彼もまたW子と同じく、筋金入りのスピリチュアリストなのだ。

しかし、W子と夫はすでに夫婦生活が破綻しており、イギリスに行っても別居するのだという。夜の生活に不満でもあったのか、と訊《たず》ねると「いいえ。フィンドホーンの村にはイギリス政府が嫌がらせで怪しい電波を流しているので、家にいると、体がビリビリして夜も眠れないので、飛び出してきました」と切り返され「レベルが違う」と感心してしまった。

こんな会話を当たり前にしている人が、この世には少なからずいるのだ。

このようにW子との出会いには得るものも多かったが、気をつけなければいけないのは、W子のように能力が高すぎると、力のコントロールが難しくなるということだ。テレビで大人気のスピリチュアルカウンセラー・E氏も、学生時代にあまりにも霊が見えすぎたので、滝に打たれて修行をしたという。

だが、W子の場合は厳しい修行はせずに、ただ水族館でのほほんと瞑想しているだけなので、コントロールには不安がつきまとう。だから、私の額にいるという「独身サイコー！」のお坊さんを追い出すのも、高額の料金が必要だったのだろう（単純に追加料金が欲しかっただけかもしれないが……）。

私の力をダウンロードしてあげます

F氏は長い髪に髭《ひげ》もたくわえた、ヒッピーのような男だった。風貌をひと目見ただけで「怪しい」とわかる人物だ。仕事は神奈川県の川崎市で整体師をしていると話していた。

第一印象どおり、F氏からもらった名刺には、妙にキメた顔写真が印刷されていた。やっぱり変な人だ……。

F氏に出会ったのは、合気道とエネルギーの使い方をコラボレーションさせたセミナー。「4時間で5000円」という安価なお試し料金だったせいか、参加者のなかにはF氏のように怪しげな人物も紛れ込んでいた。ちなみに、そのセミナーは2回目以降の参加費は8万円。驚きの急上昇である。

このとき、私は仕事が山積みで忙しかった。そのため、セミナー後に行われるという交流会の出席は断って、すぐに帰ろうと支度をしていた。すると、「駅までご一緒しませんか？」と、セミナーの最中に名刺交換した整体師のF氏が声をかけてきたのだ。

面倒くさかったが、どうせ駅までだろうと誘いに乗ることにした。

ところが、F氏は駅で私と同じ電車に乗ると、降りると言っていた駅に着いても降りようとしない。しかも、なぜか自分から誘ったくせに、終始無言である。

「この人、どうかしているのではないだろうか」と、さすがに怪しんでいると、「あのぅ」とF氏がついに口を開いた。

「よろしければ、私の素晴らしい力をあなたにダウンロードしてあげますが……」

私は耳を疑った。いったいなにを言っているんだ？

F氏が言うには、自分には生まれつきの霊能力はなかったが、インドで「聖者」と言われたサティア・サイ・ババのもとで修行を積み、その後はあのマザー・テレサのもとでボランティアとして働いていた。すると、〝ある人〟に偶然出会い、素晴らしいパワーをダウンロードされたという。

F氏はそのパワーを日本中に広めたいので、出会った人には無料で伝授しているというのだ。怪しさに満ちた経歴だが、なかでも胡散《うさん》臭いのは、「〝ある人〟に素晴らしいパワーをダウンロードされた」というくだりだ。

なぜ、肝心のパワーを与えてくれた人物について教えてくれないのか。質問を重ねてみたものの、Ｆ氏は頑なにその名前を明かそうとしない。

サイ・ババやマザー・テレサといったビッグネームが話に登場するものの、よく聞いてみると彼らとパワーのダウンロードはなんの関係もないのである。

いつもの私なら、こんな意味不明な申し出は即座にお断りするところだが、この日は雑誌の〆切が５本も迫っており、しかも、それを目前にしてセミナーに出てしまったので時間がなく、少々、情緒不安定に陥っていた。

明日までに５本の原稿を出版社に送らなければ、セミナーで開運をするどころか、社会的信用を失ってしまい、二度と仕事にありつけなくなる。

「２回目以降の参加費が８万円というセミナーが、４時間５０００円」というお得さに釣られてしまったケチな自分を呪うしかない。

「ひょっとすると……」

名案が浮かんだ。Ｆ氏の素晴らしい力で、家に帰ったら５本の原稿ができあがっているかもしれない！

私は気づけば「いいですよ。ぜひ私にあなたの素晴らしい力をダウンロードしてください！」と口走っており、Ｆ氏に連れられて永田町の駅《えき》ナカの店に入った。

永田町はいくつもの路線が乗り入れる乗換駅で、いかにも知り合いに出くわしそうな場所だ。私は密かに誰にも出会わないように願った。どんな宗教を信仰していると思われてもいいが、このオヤジの彼女だと思われることだけは嫌だ。

心配をよそに、F氏は店に入るとビールを頼み、冷えているコロッケを美味しそうに食べ始めた。焦る私の頭のなかで怒声が響く。

「そんな不味《まず》そうなコロッケを食べていないで、さっさとお前の素晴らしい力をダウンロードしろ！」

20分ほど経った後、私は我慢できなくなって「そろそろ帰らないといけない」と切り出すと、偉そうにF氏が言った。

「じゃあ、私の素晴らしい力をダウンロードしてあげましょう」

ここでF氏が実際に行った、素晴らしい力のダウンロード方法を簡単に説明しよう。

2人で向かい合わせに座り、手のひらを重ね合わせる。その状態のままでお互いの意識を大気圏から銀河にまで持ち上げていき、銀河に着いたらUターンをして、逆に地球に向かって意識を降ろしていく。すると、意識が体に戻った瞬間にストンと力が入るという、いかにもありがちな方法であった。

ところが、F氏の素晴らしい力が体に入った瞬間、肩にズドンと重たい鉛が落ちたような感触がした。

「低級霊のエネルギーだ！」

私はとっさに悟った。

エネルギーが体に入ったときに、ズシンと重たい感じがするのは、それが悪いエネルギーだという証拠だ。悪いエネルギーというのは、三次元の隣にある四次元が出所になっていて、四次元には浮遊霊や地縛霊などの魑魅魍魎《ちみもうりょう》がウヨウヨとしている。

対して、神仏や天使のエネルギーは、羽のようにふわっと軽く、体に入ってもなにも感じることはない。これは、精神世界を少しでもかじっている者なら、誰でも知っている常識だ。

「このままではまずい」と感じながらも、続いてＦ氏から素晴らしい力の使い方についてレクチャーを受けることになった。

Ｆ氏に「どこか体に悪いところはありますか」と訊ねられたので、私はつい「昔から便秘症で」と馬鹿正直に答えてしまった。彼は「わかりました」と言うと、手のひらを重ね合わせて「ウーン」となにやら力を送っていた。

すると翌日、私はお腹を壊して、酷い下痢になった。確かに便秘は改善されたが、猛烈な腹痛に襲われて、何度もトイレに駆け込むという迷惑な解消の仕方だった。

実は、低級霊の特徴はここにある。

低級霊にもある程度の力はあるので、エネルギーを送れば体に影響は出てくるが、私が下痢になったように、その結果の出方に問題があるのだ。これは霊能者と関わるうえでの指針になるので、よく覚えておいたほうがいいだろう。

このときに私がF氏にダウンロードされた力は、後日、友人でサイキック能力を持っているサラリーマンのD氏にお願いして除霊してもらった。このD氏は、並外れた霊能力を持ちながらも、「これだけじゃ食っていけないことはわかっていますから」と話す、地に足のついた考え方の持ち主で、一般企業に勤めつつ活動している人だ。

そのD氏には、「もし、私がダウンロードされた力を取り除かなければ、真理子さんのなかに一生残り続けるところでしたよ。いったいどうするつもりだったんですか」と言われた。D氏曰く、負のエネルギーが強い四次元のパワーは、三次元に住んでいる人間に太刀打ちできるものではないということだった。

それを聞いたときに、私はハッと思い出した。F氏の別れ際の言葉だ。

「あなたは記念すべき444人目ですよ」

そう言うと、私に携帯電話で名簿を見せてきたのだ。私の他にもF氏の力をダウンロードされた人が、443人もいることになる。ねずみ算式に考えれば、被害者はもっと増えていることだろう。

また、F氏は極度のSNS依存症のようで、Facebookに1日30件という尋常ではないペースで、自身の平凡な顔写真をアップしていた。この点については、前述した貧乏エンジニアのA氏に似ているが、F氏の特徴は、業界の著名人と自分が一緒に写っている写真をアップしているという点であった。有名人の知名度を借りて、自分に箔をつけたいのだろう。

そんな怪しい人物にノコノコと付いて行った私が言うのもなんだが、F氏のように自分の力を無料でダウンロードするなどという、上手い話に乗ってはいけない。特に相手と初対面の場合はなおさらだ。まずは疑おう！

ちなみに〆切を目前に控えた5本の原稿は、当然できあがっていなかったので、下痢に苦しみながら必死に書き上げたのだった。

高額な水晶を押し売りする外国人

あるイベントでアメリカ人のヒーラー、X氏のブースを手伝ったときのこと。

サンフランシスコ出身で現在はバリ島在住の彼は、現地で仕入れた水晶などを加工したアクセサリーを販売していた。天然石の指輪やネックレスは開運・おまじないグッズとしては定番であり、私は特に興味を持っていなかった。

ところが、商品に値札を付ける作業を手伝っているときに、思わず目が釘付けになった。その値段は、明らかに相場よりゼロがひとつ多かったのだ。相場が3000円ほどの平凡な水晶に5万円以上の値を付けていたのである。

しかし、その値段はまだかわいいほうだった。X氏の販売しているアクセサリーは、ゴマ粒のように小さな石のピアスでも7万~8万円はした。0・4カラットのダイヤモンドでもX氏の商品ほど高くはないだろう。詐欺と言うべき手法である。

試しに、X氏に「やはり素敵なものは高いんですね」と、遠回しに嫌味を言ってみると、彼は悪びれるどころか、「そうだろう。能力の高い僕が、わざわざバリ島やハワイに行って買い集めてきたものだからね」と得意げだった。

私は彼の様子を見て、「こんな偽物が売れるはずがない」と高をくくっていたが、なんとイベント会場がオープンするのと同時に、X氏のブースにはお客さんがどっと押し寄せてくるではないか。それもなぜか中高年の女性ばかり。X氏はおばさんたちに囲まれてちやほやされている。なるほど、アメリカ人と中国人を両親に持ち、見た目が格好良いX氏は、この業界ではアイドルというわけだ。

X氏は、年齢は30代後半と決して若くはないが、アメリカからバリ島に移住する前には、ファッションモデルとしてパリ・コレクションに出たことがあるという。

「僕はモデル以外にもDJの仕事をしているし、自分の音楽CDも出したことがあるんだよ。デザイナーとしても一流で、自分のファッションブランドも持っているのさ」と自慢が止まらないX氏。

思わず、「そんな方が、どうして日本で水晶を売っているんですか？」と聞いてみたくなったが、言い訳が長そうなので止めた。いずれにせよ、イケメンなX氏のおかげで、ブースではアクセサリーが売れに売れた。さすがは元モデルというべきか、大胆に胸元をはだけさせたファッションも功を奏していた。

会場を訪れた客のなかには、なんとひとりで総額50万円ものアクセサリーを現金で買っていく女性もいた。彼女らは言うまでもなくX氏にご執心であり、彼に勧められるがまま、なんでも買ってしまうのだった。

さらにX氏は、イベントの別日に別室でサウンドヒーリングも行っていた。

サウンドヒーリングとは、文字どおり楽器の音色を使って体を癒やすヒーリングの一種だ。X氏は、クリスタルボウルという水晶でできた楽器と、悪魔が吹くような巨大な笛を使っていた。

ところが当日、イベントスタッフのミスで、X氏のセッションを予約していた女性が、他の人と予約時間が重なってしまい、ダブルブッキングを起こすという事件があった。

当然だが、被害に遭った女性は烈火の如く怒っている。

「開場の1時間前に並んで、2枠分もセッションを予約したのに、両方ともダブルブッキングするなんてどういうことよーッ！」と、会場中に響き渡るような怒声をあげた。

30分8000円もするセッションを2枠も予約しておいて、両方とも台無しにされたのだから、怒るのも無理はない。

そんななか、もうひとりの予約客の、これまた女性がブースにやってきた。それを見て私は青くなった。なぜなら、肝心のX氏が朝寝坊して、まだ会場に来ていなかったからだ。

実は、X氏の生活態度は甚だルーズであった。サイキック少女のW子のくだりで、「霊能力が異常に発達すると浮世離れする」ということを散々お伝えしたが、X氏もまた難病さえ治癒するというヒーリング能力があるゆえに、常識というものを知らない人物だった。

朝寝坊なんて当たり前。皆で食事に行っても自分だけはお金を払わない。お腹が減ると怒り出して、人前でも平気で放屁をした。X氏の後にトイレに入ると、描写もはばかられる惨状が広がっていたこともある。

精神世界の出版社に勤める知人に聞いてみると、やはり業界で大物と呼ばれている有名人たちは、ほとんどがこの類いだという。

　とある出版社のC社長は、海外から大物ヒーラーを招待したが、彼が同性愛者で、夜な夜な新宿2丁目で接待をさせられたという。さらには売春の代金まで押し付けられ、その費用を経費として処理できるわけもなく、泣く泣く自腹を切ったそうだ。そんな人物が、世界的なヒーラーとして「ニューヨーク・タイムズ」に紹介されたというから驚きだ。

　それはさておき、私は怒り心頭の2人の女性客に迫られて、ヤケクソで奥の手を使った。天の力に頼ることにしたのだ。

「あなた方は天に守られていますから、今は特別な理由があって神様に待たされているんですよ」

　そう言うと、怒り狂っていたはずの2人が、「そういうことなら……」とあっさりと引き下がったので、言った本人がズッコケそうになった。

　それから1時間以上も遅れて、X氏が起き抜けのすっきりとした顔で到着した。X氏の到着を待っていた2人の女性客は大喜びだったが、私は「ダブルブッキングを起こしていたうえに、1時間以上も待たせていますよ！」とこっそり伝えた。

　すると、X氏が輝く天使のような微笑《ほほえ》みで言い訳を始めた。

「ごめんよ。朝から調子が悪くて、エネルギー調整をしていたから遅れてしまったんだ。でも、そのおかげでパワーを取り戻すことができたから、君たち2人には特別なセッションができるよ！」

ただの朝寝坊をエネルギー調整にしてしまうとは、なんて素晴らしいアイデアだろう。思いがけない言葉に、呆れを通り越して尊敬の念が湧いてきてしまった。

イベント中は、他にもすったもんだがあったのだが、いちばんの問題は私が休日返上して3日間もブースを手伝ったのに、バイト代が支払われなかったことだ。これこそまさに詐欺と言えよう。

おまけにX氏に、「この水晶を手に入れたときに、まだ君のことを知らないのに君の顔が頭に浮かんだよ」と言われ、眉唾ものだとわかっているのに、思わず買ってしまった私は大バカ者だ。今もトイレの浄化用として置いている7万円の水晶を見るたびに、X氏に騙された当時の悔しさが蘇るのだった。

ハワイまで受けに行ったのに

ハワイのカウアイ島在住のヒプノセラピスト（催眠療法士）、L夫人の存在を知ったのは、YouTubeで見た映像がきっかけだった。L夫人は、カウアイ島のなかでもP地区というゴルフリゾートがある場所に豪邸を構えていた。

その豪邸のなかにあるセッションルームには、相場で1個10万円から、高いものでは70〜80万円はするクリスタルボウルが、20個近くもズラリと並んでいた。私が日本で出会った占い師や霊能者は、前述したようにお金に困っているような人たちばかりだったので、その差に愕然とした。

きっと、プロとしての技量も違うに決まっている。

私は思い立ったら止まらない性格なので、映像を見た翌日には飛行機のチケットを取ってハワイに旅立った。L夫人のクリスタルボウルのセッションは、ホームページからすぐに予約ができた。日本では人気のあるセラピーは1年以上も予約待ちなのが当たり前なのだが、すんなり予約が取れたのは、自分が神様に見守られているおかげだと思った。

今考えれば、そこでおかしいと気づくべきだったのだろう……。

カウアイ島は、ハワイの8つある主要な島のなかでも面積が小さいほうであり、島内にゴルフリゾートがあるため、お金持ちがバカンスで訪れる島として有名だ。ホノルル空港から飛行機を乗り継いで行くので、訪れる日本人は少ない。セレブたちは自家用ジェットでひとっ飛びなのだろう。

タクシー料金を節約したい私は、バスを何本も乗り継いで、さらに停留所から1時間以上も歩いてP地区にたどり着いた。さすがは超高級住宅街という様子で、見たこともないようなゴージャスな邸宅が立ち並んでいた。一軒あたりの敷地面積が考えられないほど広大であった。

「こんなセレブの巣のようなところにいる有名人に、これから会えるのだ」と思うと、がぜん期待が高まってきた。

道に迷いながらもL夫人の豪邸に着くと、2メートル近くもある金色の柵が家の周囲にバリケードのように張り巡らされていた。

「ドーベルマンでも飼っていて入ったら嚙みつかれるのではないか」と恐怖したが、庭を覗くとチャボが歩いており、意外にのどかな雰囲気である。

後でわかったことだが、L夫人には大工のパートナーがいて、彼が中古で購入した豪邸をコツコツと修繕しているそうで、セレブにしては謙虚な生活をしていた。とはいえ、中古住宅でもP地区の家なら時価3億円はくだらないはずで、きっとそのお金をL夫人のセッションで稼いだのだろう。

L夫人の豪邸にあるセッションルームに通されると、その部屋のなかには映像で見たとおり、いかにも高価そうなクリスタルボウルがこれでもかと並んでいた。

クリスタルボウルは、成分の99・9パーセントが水晶でできたヒーリング楽器だ。スティックで打って鳴らすと「ポーン……」という心地良い音がする。さらに、名前のとおり、その形はボウル状になっており、ボウルの縁をスティックでなぞると「ファンファンファンファン……」と倍音が広がっていくのだ。

また、倍音が起こるときに一定の振動が生じるため、人体がもともと持っている波動と共鳴して、リラックス効果などが期待できるのである。人体の乱れた波動を、クリスタルボウルの波動で修正することで病気自体が治るという人もいるが、科学的に証明されているわけではない。

私は体に悪いところがあるわけではなかったが、精神的にかなり病んでいた。

長年恋していた男性に振られ、新宿2丁目のバーで連日やけ酒を飲んでいた。ある日など、12時間も飲んでいたら、ママに「はい、今日は閉店。料金10万円ね」と請求されてしまい「これなら同じ料金を出してヒーリングを受けたほうがマシだ」と思い、ハワイくんだりまで来たのだった。

ところが、L夫人は予想外なことに「クリスタルボウルの前にヒプノセラピーをやりましょう」と持ちかけてきた。ヒプノセラピーを付けると料金が2倍になってしまうので嫌だったが、偉大なL夫人が言っているのだから仕方がない。

ヒプノセラピーとは、いわゆる「催眠療法」で、クライアントを頭がぼんやりとする程度のトランス状態にした後で、質問をしながら深層心理を引き出すように誘導していく。すると、心のなかに隠されていたトラウマが突き止められるというセッションである。

ところが、L夫人はヒプノセラピーを行うとき、最初に催眠をかける段階で明らかに失敗してしまった。質問が始まっても、私の意識はハッキリとしていたからだ。

「催眠をかけ直して欲しい」とも思ったが、偉大なL夫人ならなんとかしてくれるだろうと、とりあえず催眠にかかったフリをすることにした。

ところが、意識がはっきりしている私に、L夫人は強引に質問を重ねるばかり。

「あなたが嫌いな人に町で出会ったら、どう対応する?」と訊ねてきたので、「その人を無視します」と答えると「ノー! ノー! そうじゃないでしょ。無視じゃなくて、別の答えがあるはずよ!」と怒り出し、回答を無理やり修正しようとしてきた。

青い目で迫るL夫人には、かなりの威圧感がある。

こうなったら、怒られないために、いかにもL夫人が気に入ってくれそうな回答をひねり出すしかない。私は脳をフル回転させ、必死に頭のなかにシナリオを作り始めた。もはや催眠どころではない。

その甲斐あって、セッションは順調（？）に進んでいったが、最後の最後になってつまずいた。その質問は「世の中の全員が敵になったら、どうする？」というもの。どんな答えを言っても、L夫人は「ノー！　ノー！　違うわよ！　もっと別の答えが出てくるはずよ！」といら立ち、足で床をドンドンと踏み鳴らし始めた。

私は「これって恐喝じゃないの？」と反発を覚えつつも、「なにか気の利いた答えを言わなければ！」と焦り、催眠中にもかかわらずダラダラと汗が流れてきた。すると、脳裏にある言葉が浮かんだ。これだ！

「I wanna die（死にたい）」

「そうそう！　あなたは深層心理でそう思っているわよね」

L夫人は満足そうに言ってからしばらく沈黙し、突然「でも、あなたはまだ生きているのよっ！」と叫ぶと私の腕をガッシリと摑《つか》んだ。

回答が気に入ってもらえて安堵していた私は、「ヒィッ！」と悲鳴をあげた。

それを見たL夫人は「これでヒプノセラピーは終わりよ」と満足そうに頷いた。やれやれ、終わったか……。催眠療法が終わってホッとするとは、いったいどういうことだろう。

これで料金が2倍になるのかと思うと、それこそ死にたい気持ちになった。

それから、なんの変哲もないクリスタルボウルの生演奏を聴いて、1時間ほどでセッションは終了した。「これで5万円も取るなんて詐欺じゃないか！」と思ったが、私の拙《つたな》い英語力では抗議することもできなかった。

だが、L夫人の恐喝まがいのヒプノセラピーは、帰国後、意外な形で効果を発揮した。気分が落ち込んでいるとき、突然どこからか、「でも、あなたはまだ生きているのよっ！」というL夫人の声が聞こえて、ハッと我に返るという出来事が何度かあったのだ。彼女の強烈な雄叫びが、私の潜在意識の深い部分に刻み込まれたに違いない。酔っ払って、駅のホームでフラフラとしていたときも、その声に救われた。

「もう死にたい」と思っている人がいるなら、ぜひL夫人のセッションを受けてくるとよいだろう。いろいろな意味で人生観が変わること請け合いだ。

渡された絵の正体

カウアイ島で宿泊したゲストハウスで、Pさんという女性アーティストと知り合った。Pさんの本職はゲストハウスの掃除婦だが、宇宙からのインスピレーションを受けてスピリチュアルアートを描くようになったと話していた。

Pさんはアメリカ本土でOLとして働いていたが、ある日、天からの声で「ハワイに行きなさい」というメッセージを受け取り、あてもなくフラリとハワイにやってきた。そこで、たまたたま掃除係を募集していたゲストハウスで働くようになったというわけだ。

カウアイ島には、Pさんの他にもそうした人がわんさかいた。

なぜなら、ハワイの8つある主要な島を人間のチャクラに割り当てると、カウアイ島は人間の額にある第六チャクラ（第三の眼）にあたる。ここは霊能力を司る場所だから、カウアイ島は業界でもパワースポットとして有名だ。

カウアイ島の町を歩くと、精神世界に関するフリーペーパーが、日本の転職雑誌やタウン雑誌のように並べられていた。薬局にも、フラワーエッセンスやアロマなどのグッズが所狭しと置かれている。

この島では、「占いが好き」と伝えても、日本のように「あの人は宗教をやっている」「占い難民になっている」「なのに結婚もできない」と、中傷されることもない。最後のくだりは自分のせいなので放っておいて欲しいが。

Pさんが取り組んでいるスピリチュアルアートという分野には、いろいろな種類がある。一般的なのは点で絵画を描く「点描画」や幾何学模様で円を描く「曼荼羅《まんだら》」などだ。

以前、東京都内の雑居ビルのなかで「あなたの未来の恋人の似顔絵を描きます♡」という胡散臭い看板を見かけたことがあった。後で調べるとインチキだったようだが、これもスピリチュアルアートの一種であろう。

それはさておき、Pさんは仕事を終えた後の真夜中、私に絵を描いてくれた。神様からのインスピレーションを受けた自動書記によって、絵のイメージが降りてくるそうで、Pさんは、シルバーやゴールドのサインペンを使って、サラサラと厚手のケント紙に幾何学模様のようなものを描いていった。

本人が、「私は自動書記だから、ものすごい速さで描くのよ！」と自慢していたが、なるほど言うだけあってすさまじいスピードだった。A4サイズの紙がどんどん埋め尽くされていき、描き始めてからものの5分間で絵が完成した。

だが、できあがった絵は、「これはアートと呼べるのだろうか」と首を傾《かし》げてしまうような代物。「5分で描けた！」と人に自慢すれば「そうだろうね」と納得されそうなレベルだ。ミミズが這《は》ったような文字がたくさん並んでいる。古代文字のように見えなくもないが、もうろくした老人が書いた遺言状にも見えた。

さらにPさんは、頼んでもいないのに「この絵にはちゃんと意味があるのよ」と説明を始めた。

Pさん曰く、描いた絵のなかにはアカシックレコードの情報が隠されているという。アカシックレコードとは、俗に言う「宇宙図書館」で、宇宙が誕生してからの生命の記憶がすべてそこに記録されていると言われる。だから、ここに自由にアクセスできるようになれば、自分の前世の記憶を読み取って、今生に生まれてきた意味や使命がわかるのだ。

Pさんの描いた絵は見た目こそいまいちだが、おめでたい私は、彼女と遠いハワイの地で運命的な出会いをしたのだから、アカシックレコードの情報も本当だろうと信じることにした。

私は帰国後、自宅の寝室の枕元にPさんの絵を飾っておいた。額縁に入れておけば、下手くそな絵でも現代アートに見えてくるから不思議だ。

だが、絵を飾ってもなにも効果はなかった。むしろ、絵を飾ってから体の調子が悪くなったような気がした。原稿を書こうとしてもいっこうに筆が乗らず、スランプに陥ってしまった。２〜３時間も頭を抱えて、１ページも進まないことがザラだった。

そこでふと思い出したのが、以前、ハワイでは有名な霊能者を取材した際、その後の接待の席で言われた言葉だった。

「君は前世ではエジプトの書記官だったよ。それも女性だ。男性しか書記官になれない時代のはずなのに、珍しいね。きっとよほど腕が立って、ファラオに気に入られていたんだね」

いわゆる前世についての占いだったのだが、私は「このスランプから脱するには、自分がエジプトの書記官だった時代の記憶を取り戻すしかない！」と思い立ち、Pさんが描いてくれた絵に毎晩30分は両手をかざしていた。両手をかざせば前世の記憶が取り戻せるとPさんに教えてもらったからだった。

だが、その行為がとんでもない間違いだと教えてくれたのが、私が整体師のF氏にダウンロードされた低級霊の力を除霊してくれた、サラリーマンのD氏だった。

「その絵、あなたのエネルギーを吸い取ってますよ！」

D氏曰く、世の中には、他人のエネルギーを吸い取って自分のエネルギーに変えてしまう「エネルギーバンパイア」なる存在がいるらしい。

だが多くの場合、その手口は、マッサージをしながら首の後ろから吸い取るのが一般的で、自分の描いた絵を渡して、毎日じわじわと力を奪っていくというのは新たな手口だとD氏もびっくりしていた。

さらに、D氏から「その人って独身で、貧乏な女性じゃありませんでした？」と言われ、まさしくそのとおりだとギクリとした。Pさんは昼はスーパー、夜はゲストハウスで掃除係として働いていたが、それでもお金がないとこぼしていた。

絵を描いてもらったときにも、「料金は寄付でいい」と言われて、「そんなことは絵を描く前に言えよ！」とムカついたが、渋々20ドル（それしかお札がなかった）を支払ったところ、「こんなにたくさんくれた人は初めて！」と、Pさんはうれしそうに、すぐに財布にお金を入れていた。さらに、彼女は40歳を過ぎても独身で、ゲストハウスの屋根裏部屋に居候させてもらっていると話していた。

その話を聞いたD氏は、「ほらね。結局は自分自身が幸せじゃないから、他人からエネルギーを吸い取るようになるんですよ！」と得意げだった。

思えば私も30代後半で独身、貯金はまったくない。いつまでも幸せを求めて占い難民をしている私こそ、他人の力を吸いたいと思わされた一件であった。

伊豆でＵＦＯを呼んだ話

伊豆で知り合ったR女史の見た目は、子どもの頃に読んだ児童書に登場する妖怪・山姥《やまんば》にそっくりだった。彼女の推定年齢は60代前半で、白髪頭のロングヘアー。肌は浅黒く、袖口がボロボロになっている「チャンピオン」のジャンパーを着ていた。

そんな彼女に出会ったのは、仕事関係の付き合いで伊豆旅行に出かけたときだった。6名の一行のひとりが、精神世界系では老舗の出版社・Dで長年編集長をしていた人物だったのだが、「伊豆にすごい知り合いがいるので紹介しますよ！　UFOが呼べる人なんです」と、素性も明かさないまま、私たちをR女史のもとへ連れて行ったのだった。

R女史の家に着くと、家の居間には有名な宗教団体の旗がドーンと掲げられていた。「これはエラいことになりそうだ」と予感したが、R女史からそれについての言及はなく、「みんな知ってる？　地球には地底人がいるんだよ。宇宙にだって宇宙人が本当にいるんだよ！」と大声でまくしたてていた。

R女史が言うには、伊豆は宇宙連合の総本部にあたる場所だという。宇宙人が人間と交信をするために、100機以上のUFOに乗って夜な夜な空を飛び交っているというのだ。

それは面白いから、ぜひみんなでUFOを見ようという話になり、連れ立って山に行くことになった。というよりは、山姥そっくりのR女史が、「ひとりでも来ないと、その人がどうなるか知らないよ」と迫ったので、半ば脅迫であった。

山の中腹の駐車場に車を停めて降りると、夜空に星がきれいに見えた。このまま星を眺めて帰るだけなら、どんなに素敵だろうと思ったが、この業界、そうは問屋がおろさない。私たちはこれから山姥とともにUFOを呼ばなければならないのだ。

R女史は私たちに、「車座になって地面に座りなさい」と指示を出した。

この日は真冬の12月で、風が吹きすさぶ寒い日であった。地面に座るとお尻が冷えて凍えそうになる。皆がヒーヒーと悲鳴をあげているのも聞かず、R女史は「いい？　これから私の後について『ウズマサベキソン』と呪文を唱えるのよ」と謎の文字列を口にした。

後になってから業界の関係者にこの呪文について訊ねてみたが、誰ひとりとして、そんな呪文は聞いたことがないと話していた。しかし、R女史はエジプトのピラミッドで「あなたは特別だから」と警備員に許されて、ファラオの棺《ひつぎ》に横たわり、この呪文を唱えたこともあるなどと豪語していた。

しかし、このときは呪文を5分唱えても、10分唱えても、空にUFOが現れることはなかった。12月の底冷えはあまりに酷く、寒さでみんなの声が震え始めた。

「ウウウウウーズウウウウーマアアアアー」

震え声になって、より迫力が増した呪文を唱える私たち。

駐車場に車を停め、愛を語らっていたカップルが逃げ出したのは言うまでもない。

それから30分ほど経っただろうか。もはや、誰も歯の根が合わなくなっていた。R女史も、袖口の破れたチャンピオンのジャンパーではさすがに寒くなったのだろう。突然、自分だけぴたりと呪文を唱えるのを止め、皆がそれに従って中止すると「もう帰ろう」とポツリと言った。

帰りの車のなかのR女史は、借りてきた猫のように大人しくなってしまった。あれほど声高に「宇宙人はいる！」とまくし立て、皆に凍死寸前になるまで呪文を唱えさせたのに、虫一匹寄ってこなかったのだ。当然だろう。

さすがにかわいそうに思えたので、「今日はきっとUFOの調子が悪かったんでしょうね」と、武士の情けで声をかけたところ、R女史は私のほうをキッと睨《にら》んだ。

「いや、宇宙人は来てた！　雲の上にずっといたのに、あんたは気づかなかったの？　今日は宇宙人も初めて会う人ばかりだから、雲の上から様子を窺《うかが》っていたのよ」

せっかく庇《かば》ってあげたのに！　まるで、私たちが一緒にいたのが悪いと言わんばかりのセリフに驚かされてしまった。

さらに翌日、R女史は、帰る私たち一行に、ペットボトルに入っている謎の液体を渡した。

彼女曰く、アマゾンの奥地には虫や植物が巨大化して成長しているエリアがあり、そこで自分の友人が発見して持ち帰ってきた菌だという。

「この菌ちゃんは甘いジュースが大好きなの。糖分が餌になるから、オレンジジュースやリンゴジュースをあげると喜んで、ペットボトルが破裂するほど大きく成長してくれるんだよ！」

R女史をいっさい信用していなかった私は、それがただの雑菌だと悟った。一度口をつけて飲んだペットボトルには雑菌が大量に繁殖し、蓋を閉めたまま置いておくと、ときに破裂してしまうこともある。

実際に、ペットボトルのなかには白いフケのようなものがたくさん浮かんでいた。私は自宅に帰ってから、念のため、旅の一行にメールで注意喚起した。

「R女史がくれたペットボトルには、雑菌が大繁殖しているから、お腹を壊すので飲んではいけません！」

すると、すぐに仲間のひとりから返信が届いた。律儀にもお礼をくれたのかと開いてみると、「R女史が私たちにくれた菌は雑菌とは別物です。間違った情報を拡散しないでください！」という怒りに震えたメールだった。

私は腰が抜けそうになった。なんと、あれほど怪しげな山姥にコロッと洗脳されてしまった仲間がいたのだった。

しかも、その友人は20代の頃から約20年間、毎月2万円ずつコツコツと積立貯金をしているほどの堅実な人物だった。いったいR女史との間になにがあったのだろうか……。

ちなみにR女史の素性は未だにわかっていない。

さて、ここまで紹介した占い師や霊能者たちの共通点は、独身だったり、お金がなかったり、言動が怪しかったりして、本人が幸せそうではないというところだ。ただし、独身という点については、R女史は自分で「私、女性が好きなのよね」と公言していたから、それぞれ事情もあるだろう。

ここまでは、私が自分のことを「占い難民」と自称するまでになった体験談をご紹介した。皆さんは、占い業界の人間に深入りする前に、その人物の人となりを十分チェックしておくようくれぐれも注意して欲しい。

第2章
意外に知らない
占い・霊視の常識

人生で迷子になったら占い・霊視鑑定がある

宇宙レベルの声を聞いて開眼しよう

第1章では、避けるべき占い師・霊能者と、私が彼らに散々騙されてきた苦い体験をご紹介した。しかし、それでも私は、占い鑑定を肯定するし、生きていて道に迷っている人が目の前にいたら「さっさと占い師のところに行って相談してきなさい！」とアドバイスをする。なぜなら、私は、占い師や霊能者たちが、知識や経験を豊富に持っている、一般人とはかけ離れた存在だと知っているからだ。もちろん人気の占い師でも、納得のいかないアドバイスをくれることはあるが。

私自身の体験に照らしても、未来鑑定に限っては7割近くは間違っていた。それでも諦めずに、占いに通い続けていると、なかには「宇宙レベルの声」とでも言うべき驚きのアドバイスをくれる者も存在する。

これこそが占い・霊視鑑定の醍醐味だ。親兄弟や友人などの近しい人の思考とはかけ離れたアドバイスのおかげで、目から鱗が落ちまくって開眼し、人生を一気に変えるきっかけになるのだ。

たとえば、私は人生で初めて出会った霊能者に、「あなたは45歳で自殺して死ぬ！」といきなり言われた。

すっかり人生に絶望してしまい、「45歳で自殺する前に死んでしまいたい」とさえ思った。だが、そのおかげで、これまでなんの目的もなく過ごしてきた人生を猛省して、予言を覆すような、強い生き方をしよう！　と一念発起。

「まずはひと稼ぎできるように、英語でインタビューできるライターを目指す」と決意した私は、30代にして英会話の猛勉強を始めた。

その甲斐あって、日常会話程度の英語なら使いこなせるようになったものの、言葉に不自由しなくなったおかげで海外の鑑定を受けに行くようになり、逆に出費がかさんでしまった……。

笑い話はさておき、あのときに霊能者から予言を受けなければ、本気で英語の勉強をすることはなかっただろう。友人や家族に「英語を勉強すれば、仕事の役に立つかもよ？」などと言われたところで、「ふーん」で終わりである。

そもそも、「あなたは45歳で自殺して死ぬ！」という予言は一般人からの口からは99・9パーセント聞けない。

だから今でも、人生をガラリと変えたいときは占い・霊視鑑定を受けるのが最良の方法だと思っているのだ。

とはいえ、相談者が詳しい知識を持たないのに占いや霊視を受けてしまうと、その言葉に翻弄され路頭に迷ってしまい、かつての私のような「占い難民」になりかねない。私は頭が悪いので、1000万円以上もつぎ込んだ。

そうならないためにも、本書では私が知る限りの占い業界の知識や常識について書いていくつもりだ。

どこで鑑定を受ければいいのか

どこに、どんな実力を持った占い師や霊能者がいるのか、世間のほとんどの人は知らない。

そこで、「占いを受けてみようかな」と思い立ったら、誰でもいいので目についた人、なんとなく気になった人のもとを訪れてみるのがいい。

ただし、そんなときは霊能者よりも、占い師を探したほうが断然早い。新宿や銀座の街角には夜になれば易者が座っているし、書店の「精神世界」のコーナーに置いてある雑誌を読めば、電話占いの広告が載っている。

「街中で占いをしていたり、広告を載せたりしている人なんてインチキでは？　それよりもテレビ番組で取り上げられているような人気の占い師に鑑定してもらいたい」と思った人もいることだろう。

気持ちはよくわかるが、私は初めて占い鑑定に行く人に、有名占い師のところへ行くことはお勧めしていない。

なぜなら、人気のある人に鑑定してもらうとすれば、どうしても予約待ちになって時間がかかってしまうからだ。予約が取れたとしても半年から1年待たされてしまうことなどザラだ。

「○○の母」のように事前予約ができない占い師になると、深夜のうちから行列に並んで、翌日の昼頃になってやっと順番が回ってくる繁盛ぶりだ。ここまでハードルが高くなると、実行に移す前に面倒くさくなってしまう場合がほとんどだろう（「○○の母」は2019年に没）。

それに、占いは誰に見てもらうかより、鑑定してもらうタイミングのほうが大事なのだ。誰かに見てもらおうと思い立ったが吉日なので、選《よ》り好みせずに、できるだけ早く相談に行ったほうがいい。

たとえ大型スーパーの占いブースに座っているような人でも、1回の鑑定料金がたった2000円程度なのに、「思い返してみれば、あの言葉で人生が変わった！」と思えるほど素晴らしいアドバイスをくれた占い師もいた。

このように思わぬところで〝本物〟を見つけることができるのも占いの醍醐味だろう。

どの占い師を選ぶのか

「どの占い師がお勧めですか」と、よく周りから聞かれるが、こういった質問には答えないようにしている。ずばり、お気に入りの人を紹介してお客が殺到し、私が見てもらえなくなったら困るからだ（他にも理由はあるが、そちらは195ページを参照）。

占い師は自分で探してこそなので、皆さんにはぜひ自分の足でたくさんの占い師に出会い、自力でお気に入りを見つけて欲しい。

世の人は誰もが自分の幸せを探しているから、テレビなどで〝よく当たる〟占い師が紹介されると、すぐに群がってしまう。だから、本書でも名前は明かさずに、偽物・本物問わず、すべてイニシャルにさせてもらった。担当の編集者にさえ実名はひとりも教えていない。

また、占い師を選ぶ際の参考にしてもらうためにお伝えしておくと、「占い」とひとくくりに言っても、そのなかにはいろいろと種類があるということだ。

たとえば、雑誌や新聞に載っている「誕生日占い」や「星座占い」、「手相」や「タロットカード占い」、「姓名判断」、筮竹《ぜいちく》を使う「易」、生年月日と生まれた時刻を使って占う「四柱推命」など、多岐にわたるだけではなく、それぞれが「○○流」というように複数の流派に分かれている。

また、「易」は「AとBのどちらがいいか」という二者択一の質問に向いており、「姓名判断」は人生全体を見るのに適しているなど、占いによって得意分野がある。

ハワイには「ホ・オポノポノ」という、負のエネルギーを浄化するためのおまじないがあるが、このように国独自の伝統に基づいた占いやヒーリングの方法も世界各地に存在している。ちなみにハワイには他人を呪い殺すためのエソテリック（秘術）もある。

近代になって開発された分野もある。宇宙の声を聞く「宇宙系」、子宮の声に従って生きると上手くいくと女性に説く「子宮系」、サラリーマンにも人気の「マインドフルネス」のように、どんどん新しいものが出てくる。こうなると、とても選びきれない。

私自身は、メジャーな分野は網羅してきたつもりだ。

「そんなにたくさんのセッションを受けているのに、○○も知らないの？」と編集者からバカにされて腹が立ったので、ムキになって手当たり次第に受けたという事情もある。

しかし、それでもまだ見たことも聞いたこともないセッションがいくらでもある。

数をこなせばよいというわけではないから、これから占いやセッションを受けてみようという人は一期一会を大事にする〝賢い〟難民になって欲しい。

占いを受けた後には謙虚さが大事

ほとんどの占いは20分から1時間ほどの短い時間で終わってしまうが、占いを受けてそれで終わりではない。占いでは自分の生き方について思わぬ問題提起をされたり、気にしていた短所をズバリ指摘されてしまうことがある。

結果「私の人生、このままでいいのだろうか」と思い悩む時間が生まれるのだが、この時間の存在こそ、占い鑑定に意味をもたらすと言える。

極端なことを言えば、占い結果が当たるか、当たらないかはどうでもいい。自分がどう受け止めたかが大事なのだ。

ある知人が占い師に見てもらった後に、「期待外れのことばかり言われて、お金を返して欲しい！」とカンカンになっていたが、私はその言葉にこそ怒りを覚えた。

占い師から期待どおりの答えが返ってくることなど、まずない。「良いことばかり言われて褒められたい」などと思うこと自体が間違いなのだ。

もちろん、通いたての頃は私も、「お金持ちの男性と結婚できるなんて言われたらどうしよう」と甘い期待を抱いて占いに行っていたが、そんな答えをくれた甘ちゃん占い師はひとりもいなかった。

むしろ、期待とは逆のことばかり言われた。

「私はいつ頃結婚できますか」と訊ねて「そんなの、まだいいじゃないですか」とはぐらかされるのは序の口。「あなたには結婚する資格がありません」とオネエ系でロン毛の占い師にダメ出しされて「こんな奴にダメ出しされるくらいなら死んだほうがマシだ！」と心底落ち込んでしまうこともあった。

ちなみにこのオネエ系占い師はその後、一般女性と結婚している。

占い師や霊能者のなかには、相談者へのリップサービスで、甘い言葉を並べて立てる人もいるが、人生を本気で変えたいと思っているときに生ぬるい意見をもらっても、まったく意味がない。

実際、結婚する資格がないと言われたときには、なにがなんでも結婚して見返してやろうという気持ちになり、それまで面倒で避けていた婚活をするようになった。悔しいことにゴールインには至っていないが、占い師のキツい一言が行動を起こす原動力になった。

占い師にダメ出しされても、怒ってはいけない。

期待どおりでない結果でも、天からのありがたい言葉として謙虚に受け止めよう。

占いを受ける際の基本的なマナー

占い師を試してはいけない

占いを一度も受けたことのない人は、占い師や霊能者がどれくらいの的中率を持つのか、アドバイスをどれほど信頼してよいのかよくわからないだろう。

私の体験に照らせば、自身の過去については、ほぼ１００パーセント言い当てられたことも多かった。人には一切話したことのなかった気持ちや、家のタンスにある下着の色まで言い当てられて驚いたこともある。

だが、過去や現在についてはともかく、これから先の未来については、どんなによく当たる占い師でも７割は外している。

業界の教えでは、過去・現在・未来という３つの時間は同時に存在しているそうなので、未来についてだけ的中させられないのは矛盾しているようにも思える。

私が推測するに、未来の出来事のパターンには（同時に存在しているとしても）いくつかあり、どの未来になるのかは現在の時点では確定していないだろう。

たとえば、相談者がある人と付き合っていて結婚するつもりでいるとしても、占い師に「その人と結婚すれば不幸になりますよ」と言われて断念すれば、そこで「結婚して不幸になる」という未来のパターンは消えることになる。行動によって未来は変わるのだ。

だから、間違っても占い師本人に「この前の結果が外れましたよ」などと言ってはいけない。占いを受ける側にも、最低限守るべきマナーがある。

占い師たちも人間だから、相談者に文句を言われれば、「わかっていないな」とカチンとくることもあるだろう。

それで門前払いをされてしまうと、いざというときの相談相手がいなくなってしまうので、外れてもそれは当たり前のことと捉えよう。

また、私の知り合いは、「占い師の力量を試したかったから、質問されてもわざと正しく答えなかった」と言っていたが、これも重大なマナー違反だ。

占い師だってすべてが見えているわけではないから、確認のために質問くらいする。

相談者が「いつ恋人ができますか」と訊ねたら、占い師も「今は気になっている人はいますか」と、とりあえず聞くのが普通だ。

そこで嘘をついたり誤魔化したりすれば、見えているものとのギャップに占い師が混乱して、正しい鑑定結果が出せなくなってしまうこともある。結局自分が損をするのだ。

曖昧に回答する占い師が正解

実は占い師や霊能者の答えは、曖昧なものほどよく当たっている。

同じ鑑定料を払うなら、未来に起こることをズバリと言い当てる占い師に見てもらいたいという人は多いだろう。しかし、未来を言い当てられて幸せになれるのかといえば、必ずしもそうとは限らない。

どういうことか、説明しよう。

たとえば、「今から2年後にあなたは結婚します」と言われたとしよう。すると、相談者は、「どうせ2年後には結婚できるから」と安心してしまい、その後の2年の間に行くはずだった合コンやお見合いパーティーに足を運ばなくなり、結果的には婚期を逃すことになってしまう。

このケースでは、占いによって相談者が行動を変えてしまうことも念頭に置いて、あえて「いつ結婚できるのか、時期までは言わない」というのが、名回答ということになる。

また、詳しすぎる鑑定結果を伝えて、相談者の未来を制限するのも考えものだ。

私の場合、とある霊能者に、「あなたは将来、カメラマンかデザイナーの男性と結婚します」と、結婚相手の職業をはっきりと言われたことがあった。

その後、カメラマン、デザイナー以外の男性と知り合っても「どうせこの人とは結婚することはない」と思い込んでしまい、気になる人に出会ってもアタックするのを諦めるようになってしまった。

また別のある日のこと。お見合いをする前日に、占い師に相談に行ったのだが、「明日は上手くいかない」と言われたので、お見合い自体を止めようかという気になってしまった。

しかし「上手くはいかないけど、お見合いに行って相手に会ってきて！　その人に会わないことで、これから先の未来が変わってしまうから」と続いたので、素直に従った。

案の定、占い師の言うとおり、お見合い相手には断られてしまった。

その代わり、私に無理やりお見合い話を持ってくる世話焼きおばさんとの面倒な縁が切れたので、「なるほど。こういうことだったのか。行ってよかった」と思った。先の先まで見据えた絶妙なアドバイスだったと言える。

占いのお店によっては、わざと曖昧な答えを言うことをウリにしているところもあるので、一度そんな場所を訪ねてみれば、当たる占いの雰囲気がよくわかるだろう。

変わったところでは、山手線沿線に「〇〇ＣＡＦＥ」という人気店があるが、ここではキリスト教の神託者が、３分間ペラペラと一方的に未来の予言をするというシステムを採用している。ここ以外にも、相談者のほうからの質問を禁止しているお店は何軒かあった。

なんにせよ、たった一度きりの占いで未来をすべて知ろうとしないことが、占いを受ける際にはポイントになる。

相談者の質問の仕方で占い師の答えも変わる

占いを受けるときには、質問の仕方によって結果が変わってしまうこともあるので、相談者は気をつけなければならない。

たとえば、初心者がよく犯すミスに、「仕事運について知りたい」「これからの恋愛運はどうですか」というような、漠然とした聞き方がある。

私自身が占いで相談するときは、鑑定料金がもったいないので、できる限り簡潔で明確な質問を心掛けている。「こちらからの質問は明確にして、鑑定する側は答えに曖昧さを残す」というのが基本なのだ。

たとえば、仕事運について相談するなら、「Ａ社とＢ社、どちらと仕事をすることが利益に繋がりますか？」という具合に、具体的な名前を出して訊ねるようにしている。

この質問の仕方なら、「A社とB社から仕事を受けている」という現在の状況がわかるし、「仕事を通じて利益を得たい」というこちらの意図も伝わる。

すると占い師のほうも「すぐにお金を儲けたいのならA社。B社では大金は入ってきませんが、長い目で見ればプラスになります」といったアドバイスをくれる。

「A社のほうが良いですね」とはっきり言うような人の鑑定を避けるべき理由は、前述したとおりだ。

これは霊視をしている人に聞いた話だが、彼らは相談者から受けた質問をそのまま神様や宇宙に投げかけているので、向こうもそれに答える形で返事をしてくるという。

一般の人同士の相談事でも、具体的な情報があるほうがアドバイスしやすいが、それは神様や宇宙にとってもまったく同じことが言えるらしい。

だから、相談者はできるだけ具体的に話したほうがいい。

明快な回答をもらう問題点はすでに述べたが、人生における「ここぞ」というタイミングでの相談であれば、「AとBのどちらがいいか」というような、二者択一で答えが出る質問を用意しておくのもひとつの手だろう。

また、悩み相談をする前に、自分の質問したい項目を箇条書きにしておくのも基本中の基本だ。ほとんどの占いは時間制なので、その場で質問を考えるほどの時間はないし、焦って聞きたいことを忘れて後悔することもある。

人気のある占い師なら、後の予定が詰まっていて時間延長をしてくれないので、制限時間以内に収まるように優先順位を決めて質問するとスムーズに進む。

占い師に病気の相談をするときのマナー

占い師のウェブサイトを見ていると、「病気については専門の医師にご相談ください」との記述が目につく。

これは、相談者に病気についてアドバイスした後にトラブルになることを避けるためだろうが、私自身の体験に限れば、占い師の病気診断はよく当たるので、体調に異変を感じたら、まずは医師よりも先に訪ねるようにしている。

特に、病名がはっきりしないようなときには、医師よりも占い師のほうが的確な答えをくれた。

たとえば、胃がひどく痛んだので、霊視のできる友人に相談したところ、「真理子さんが仕事でストレスを溜めているときに、コーヒーをガブ飲みしながら、スパイスの効いた料理を食べているのが見えます。それが胃痛の原因ですよ」と言われたが、まさにそのとおりだったのでびっくりした。

また、私が30代前半の頃に、「あなたはもうすぐ、治るのに10日間はかかるような病気になります」と言われたことがあった。そのときの私は、一度も大病の経験がなかったので半信半疑だったが、なんとそれから1ヶ月もしないうちに大腸ガンになって入院することになった。この人の言葉を信じて、診断前にガン保険に加入しておけばよかった、と後悔したのだった。

さらにあるときには、「あなたの体は、食べものからエネルギーを吸収する力が弱いから、ほうれん草と人参を毎日食べたほうがいい」という妙なアドバイスをされた。あまり気にとめずにいると、4年後に白内障になってしまった。

白内障予防には、その原因のひとつとなる活性酸素を除去する、抗酸化物質を含んだ食べものを多く摂ることが推奨されているそうで、まさにほうれん草や人参などの緑黄色野菜が効果的だったのだ。これも言われたとおりにすればよかったと反省した。

ちなみに、私はほうれん草と人参を意識して食べなかったうえに、コーヒーを飲むことも止めていないので未だに胃が悪い。スパイスの効いたタイ料理も相変わらず好物で止められない。

「占いを受けても役に立ってないじゃないか」と突っ込まれてしまいそうだが、私と違って意志が強い人なら、占いを受けてから病気予防ができるだろう。

ただし、勘違いしてはいけないのは、いかに腕の立つ占い師でも、病気を治す力まではないということだ。医師にも専門分野があるように、霊能者なら霊視による未来予知が専門で、体を治療するのはヒーラーなどの役目だ。

未来予知とヒーリング、両方できるという人は、業界にどっぷりはまっている私でさえ聞いたことがない。

実際に「僕はなんでもできます！」と豪語する人に会ったことはあるが、その人のヒーリングを受けてみたところ、一時的に症状が治まっても、10分後にはぶり返してしまったので、「やはり、そんな上手い話はないものだ」と思った。

ちなみに、霊能者が相談者の具体的な病名まで告げて、病気になるという未来を変えてしまうと、逆に霊能者のほうがエネルギーの反作用を受けて病気にかかってしまうことがあるという。

だから、私がガンになることを予言した霊能者は、「ガンになる」という言葉を使うのは避けて「治るのに10日間はかかる病気になる」という遠回しな言い方をしていたのだ。

「なぜはっきり言ってくれなかったのか」と訊ねると、「それは君に病気をうつされると思ったからだよ」と言われた。

このカラクリさえ知っていれば、霊能者が病名を明かしてくれないときには「大病かもしれない」とピンとくるようになる。そんな風に病気予防に役立ててみてはどうだろう。

あえて相談者に真実を教えない占い師もいる

これまで述べてきたように、占い師は鑑定で見えたことをなんでも正直に話してくれるとは限らない。

その理由としては、前述した未来のパターンや、エネルギーの反作用の問題が考えられるが、他にも以下のようなケースがある。

テレビ出演で有名になったKという霊能者は、とある有名歌手の母親の遺骨が盗まれた事件について、バラエティ番組のなかで「(これ以上話すと)私が危ないので」と言って、明言を避けていた。このように未解決事件など、関係者から報復される可能性があるときは自衛のために詳しく話さないようだ。

また、私は10年ほど前、有楽町でよく見てもらっていた女性占い師に、「私はいつ結婚できますか」と聞くと、「そんなの、まだいいじゃないですか」とはぐらかされたことがあった。

それから10年経って、未だに私は結婚していないが、今になってみれば、なぜあのときに答えをはぐらかされたのか、よくわかる。

「10年経っても結婚どころか、彼氏すらおらずひとりぼっちですよ！」なんてはっきり言われたら、人生に絶望して自殺していたかもしれない。

前述した、「あなたは45歳で自殺して死ぬ！」と言われたときは、一念発起して頑張れたが、当時はまだ若く、「結婚できないのは恥ずかしいこと」と考えていた時期だったので、正直に予言をされていたら自暴自棄になっていただろう。

焦って、おかしな男性と結婚していたかもしれない。

その女性は、よく未来が見える人だったので、わざと私の10年後について教えてくれなかったのだろう。ちなみに仕事についての相談にはキチンと答えてくれた。

また、ある霊能者に相談したとき、「あなたの未来については、これ以上伝えると神様に怒られるから言えません」と言われたこともあった。未来については、ある一定の範囲以上のことを言ってはいけない決まりになっているそうだ。

この禁を犯すと、後で厳しい罰が待ち受けているらしい。

ある霊能者は、うっかり境界線を越えてしまったために、神様が怒ってことごとく人との縁を切られてしまい、仕事のツテも失ってしまった。私がある時期に親しくしていた霊能者の男性も、酒に酔うと訊ねてもいないのに未来のことをペラペラとしゃべるお調子者だったが、やがて罰が当たって会社を何度も首になり、50代半ばにもなって奥さんに浮気されていた。

話が逸れてしまったが、よく未来が見える霊能者にも言えることと言えないことがあるということを、相談者も常識として知っておこう。

相談に行くなら「悩み事のない日」が正解

ほとんどの人は、悩み事が深刻化してから占いを受けに行く。しかし、私からすれば、このやり方はド素人である。占い難民を経験している私は、占いに行くなら悩み事のない日に行くことにしている。

病気でも、重症になってから病院へ行くよりは、まだ元気なうちに健康診断を受けて、早期発見したほうがいい。

占いや霊視も同じだ。なにか問題が起こってから見てもらうよりは、身の上に不幸が降りかかる前に相談して準備したほうがいい。占い師たちだって、相談者が収拾がつかない事態になってから来られても困ってしまう。

だから、いつでも気兼ねなく訪れることのできる占いスポットを、家の近所に数軒キープしておくといい。2〜3軒と言わず、10軒ぐらいあってもよい。

私は仕事の帰りにブラリと立ち寄って、1000円程度の料金を払って気軽に見てもらうようにしている。占いはカフェでお茶を飲むのと変わらない感覚だ。

そのような気軽な場所に行くと、自分と同じように占い慣れしているお客さんを多く見かける。

ある日、占いの順番待ちをしていると、鑑定中の人の声が聞こえてきた。

「これから新しく習い事を始めようと思うんだけど、ダンスと和太鼓のどっちがいいかな」

その頃はまだ業界のアマチュアだった私は、「世の中には、こんなどうでもいいことを、お金を払って相談している人もいるのか」と驚いてしまったのだが、これこそが正しいスタイルなのだ。

ちなみに、このときに年配の占い師は、「ダンスもいいけど、和太鼓の音は厄払いになるのでいいですよ」と答えていた。こちらもさすがと思わせる名回答だった。町内会のお祭りなどで和太鼓が登場するのは、厄払いのためでもある。

話を元に戻そう。

なにも悩み事がない日に占いを受けに行くのを勧めるのには、もうひとつ別の理由がある。それは、悩みがないと相談者の未来が霊能者に見えやすいからだ。

相談者が悩み事を抱えて悶々としているときは、エネルギーの波動が乱れているので、高位の霊と繋がる霊能者にも未来が見えにくいそうだ。第1章で書いた「占い師のエネルギーが汚れていると、相談者の未来が見えない」のと同じ理屈である。

占い師と相談者がお互いにクリアなエネルギーを持っているときのほうが、占いや霊視でも正確な答えが出やすい。すでに不幸な出来事が降りかかっている相談者を見た後には、霊能者にも負のエネルギーが乗り移っていることがあるので、鑑定を終えた後に、わざわざ別の霊能者のところに行って調整をしてもらう人も多い。

そういった意味では、何人もの鑑定を終えて霊能者がヘトヘトになっているところへ相談に行くより、朝一番乗りで元気なうちに見てもらうほうがいい。出張鑑定で他地方から来ている人なら、初日の予約がお勧めだ。

要注意の占い師

有資格者ほど怪しい

これまでに述べてきたように、占いはなにかと便利なので、大した悩みがないときにも受けておくといいが、第1章を読めばわかるとおり、この業界には怪しい人物も多い。ここではお伝えし切れなかった見極め方を紹介していこう。

たとえば、「○○協会認定カウンセラー」などの資格を持った人についてだ。

初心者はどうしても「資格を持っている人のほうが信頼性がありそう」という目線で鑑定士を選んでしまうが、これが大間違い。占い業界の資格ほど、いい加減なものはないからだ。

この業界では、セミナーで生徒を集め受講料（もしくは開運グッズ。これについては後述する）で稼いでナンボの世界なので、受講者に能力がなくても、お金さえ出せば簡単に資格が取れるようになっている。

肝心のセミナーの日程は1日から1週間とまちまちだが、受講料は安いものでも5〜6万円はするし、1日で30万円などと受講料をぼったくっているセミナーもある。

私自身、実際にこうしたセミナーに参加してみたが、参加者はお金と時間を持て余しているお年寄りや「他人よりまずは自分の心配をするべきなのでは？」と思わざるを得ないような人がほとんどだった。

私は心の底から、「こんな人がプロになっても、セッションは受けたくない」と思った。

彼らの話を聞いてみると、どの人も平均して7〜8個は資格を持っているようだった。なぜなら、ひとつ資格を取ってもお客さんが来てくれないので、それならば他の資格を積み上げれば来てくれるのではないかと、次々に資格を取るからだ。

私自身もこれまでに数々のセミナーを受講してきたので、実は資格だけならたくさん持っているが、それを使ってお客さんが取れるかといえば、肝心の能力がない。

とあるエネルギーワークのセミナーを1日30万円も払って受講した後、習得したテクニックを知人に試してみたことがあるが、「なにも変わらない」と言われて意気消沈。30万円をドブに捨てたとわかり、死にたくなった。

過去に取得したあてにならない資格をここにズラリと列記したいところだが、資格を与えている団体に睨まれると、私がこの業界で仕事ができなくなるので、ご勘弁願いたい。

というわけで、自分のホームページやブログに資格を列記しているような占い師や霊能者のところには、行かないことをお勧めする。それでも、有資格者のほうが安心だと思うのなら、その資格がどんな方法で与えられているかだけでも、事前に調べてから行くべきだろう。

スパルタな教えに落ち込む必要はない

占い師も人間なので、いろいろな性格の人がいる。

口の悪いオネエ系や頼りになる姉御肌タイプ、どこにでもいる田舎のオバちゃんみたいな人もいる。

ちなみに、私は見た目重視の「本物志向」なので、一目見た瞬間にオーラが違うとわかる、神がかったカリスマタイプの人（美輪明宏氏をイメージして欲しい）に見てもらうのが好きだ。

占い師のなかには、怒っているように質問してきたり、やたらと厳しい口調で畳み掛けてくる「スパルタ系」がいる。彼らは刑務所の鬼刑務官のような態度で、相談者に人生の厳しさをこれでもかと説いてくる。

たとえば、私が友人と口論をしてしまって落ち込んでいるときに、「よく見える」と評判の霊能者のところに行って、「最近どうも運気が落ちている気がするのですが……」と相談をしたことがある。

するとその霊能者は、「あなたは自業自得という言葉を知っていますか？」と厳しい口調で説教を始めた。さらに、「運気が落ちているのは、あなたの行いが悪いからです」と一刀両断。

これだけでは終わらず、「あなたは人生に対する考え方が甘い」「小さい頃から親に甘やかされて育ってきているのが霊視で見えます」「そんな態度ではこれから次々に不幸が襲います！」と、畳み掛けられた。

言うことはもっともだったが、すっかり気持ちが落ち込んでしまった。

こんな風に相談者に希望を与えるどころか、絶望させるような占い師や霊能者は、いくら正しい教えを説いても素晴らしいとは言えない。

占いや霊視というのは、「人生を変えて幸せになりたい」から行くのであって、不幸になるために行くものではない。

「厳しい言い方のほうが、自分への薬になる」と、あえて厳しい占い師を選んでいる人もいるが、厳しいなかにも、ちゃんと優しさがあるような、人間的な魅力を感じる人を選ぶべきだろう。

服装で占い師の人となりが見えてくる！

『人は見た目が9割』（竹内一郎著、新潮社）というベストセラー書籍があるが、信用ならない占い師かどうかも、見た目で9割以上は判断できる。

なぜか信用ならない占い師は、ひと目で「この人は普通ではない」とわかる特徴的な服装をしている。

女性に多いのはレースのヒラヒラした服装や、目が痛くなるほど鮮やかなピンクやブルーのカラフルなワンピース。あるいは王道の白ずくめの装束も多い。

雑誌の取材でインタビューに行ったときには、写真撮影をするので、彼らは特に気合いの入った服装でキメているのだが、「そんな服、どこに売っているんですか⁉」と、思わずツッコミたくなるような、とんでもない服装をしている。

さらに女性の場合は、やたらと胸元を大胆に開けている傾向がある。また、明らかに短かすぎるミニスカートを穿《は》いて、セミナーで瞑想中にパンツが丸見えになってしまった人もいた。

これは、「人間は自然体でいるのが美しい」という発想からきているのだろうが、あまりに度が過ぎると女性でも変質者になってしまうし、年配者だとなおさら見苦しい。

彼らと会話してみると、明らかに話の辻褄《つじつま》が合わない。「人は見た目で判断していいんだな」と、おかしな占い師と出会うたびに思う。

男性占い師の場合は、スーツなどの無難な服装をしている人が多いのだが、異様に長いロングヘアーなど、ヘアースタイルに特徴のある人が目立つ。

人に聞いた話によれば、神社の巫女《みこ》さんのように長い髪の毛のほうが霊能力が高まるそうで、切りたくても切れないらしい。とはいえ、お洒落なロングヘアーならいいが、艶のない傷んだ髪を腰近くまで伸ばしているのは、いかがなものだろうか。

あとは、第1章でも登場したような、服装が貧乏臭い人も避けたほうが無難だ。靴のかかとがすり減っていないか、白いTシャツの脇が黄ばんでいないかなど、清潔感も占い師の良し悪しを見極める大切なポイントになる。

異常な料金相場には注意

ご存じかもしれないが、占いの鑑定料はピンからキリまである。

1回1000円程度という街角の占い師の鑑定もあれば、ぼったくりとしか言いようのない高額鑑定もある。

この業界には、薬機法（医薬品、医療機器等の品質、有効性及び安全性の確保等に関する法律）のように厳しい規制や取り締まりがないので、料金設定にルールがない。ある意味ではやりたい放題なのだ。

特に海外の有名人が来日すると、日本での鑑定料金は通常の2倍から3倍にもハネ上がる。彼らは滅多にお目にかかれないから、普段はオンライン通話やメールで鑑定を受けることになる。

私の場合、再三お伝えしているように、当たる人がいると聞けば、どんなに料金が高くても自分のことを見てもらわないと気が済まない性質《たち》なので、オンライン通話を使った45分間の鑑定を、8万円を払って受けたこともある。

雑誌に載っているような有名人の場合には、企業の仲介が入るので、鑑定料とは別料金で、5000円から1万円程度で通訳を付けてもらえることもある。ある意味、この業界はワールドワイド。お金さえあれば、どんな場所に住んでいる人にも鑑定してもらえる時代なのだ。遠隔で受けられるヒーリングやエネルギーワークも充実してきている。

「45分間で8万円」と聞いて、その金額にギョッとした人に言いたいのは、海外に行って占い師と出会う手間や、自分で通訳を雇うことを考えれば、それほど高い値段でもないということ。むしろ妥当だ。

私がハワイの離島でセミナーを受けたときには、飛行機代とホテル代だけでも20万円かかったので、自分で海外に行くよりは、間に仲介業者が入ったほうがお得だと思った。私の知人に、海外から占い師を呼んで、セッションを手配している業者がいるが、来日中のホテルの手配や毎日の食事代など、かなりの費用と手間がかかるのでたいへんだと嘆いていた。

彼らは家族を大切にするから、家族連れでの来日になるケースが多く、旅費もそれだけ高くつくことになる。また、ヴィーガンやベジタリアンだったりと食生活にこだわりを持っている人も多いので、経費がどんどんかさむのだ。

宿泊するにしても、精神が安定する場所でなければならないので、ホテルの選り好みも激しい。だから、海外の有名人に占いを受ける場合、最低でも5万円から10万円ほどかかるのは仕方がないことだろう。

注意しておきたいのは、価格が高いからといって当たるとは限らないことと、海外の人のなかには、「日本人はチョロい」と考える人もいることだ。

ある開運セミナーのイベント取材に行ったときのこと。

業界人なら誰でも知っているような有名人が、「日本人はバカで騙しやすいから、イベントにも人が集まる」と話していたのだ。耳を疑ったが、雑誌やウェブでその人のインタビューを読むと「謙虚さが大事」などと話しており、今度は目を疑った。

結局のところ、鑑定料が適正かどうかというのは、素人には判断が難しい。

だからこそ、高額な鑑定料を支払うときには、「この人にだったら」という思い入れを持つことと、身を持ち崩すことのない範囲の金額を選ぶようにしておくと、後悔することがないだろう。

タダほど怖いものはない！

前項で高額な鑑定料について問題にしたが、安すぎる場合にも「裏になにかあるのでは」と疑ったほうがいい。

特に、霊能者が、相談者にタダで贈り物をくれた場合には注意したい。贈り物のなかに妙な念が込められていることがあるからだ。

私は過去に、ある霊能者から神聖幾何学模様（占い業界には多いデザイン）をモチーフにしたネックレスをもらったことがあるが、それを他の霊能者に見てもらうと、「『コントロールしたい』という強い念が入っているから、身につけないほうがいいですよ」とアドバイスをされた。

イベントに行くと、団体のロゴデザインが入ったアクセサリーが、物販コーナーに置かれているのをよく見かける。これらも洗脳のために使われている場合があるので、買うときには注意しよう。特に指輪やネックレス、パワーストーンのブレスレットなど、肌身離さず持つものほどコントロールに使われやすい。

私にネックレスをくれた霊能者も、自分のセミナーに参加するよう、しつこく勧誘してきた。彼は私を自分の信者にして、お金を巻き上げることがコントロールの目的に違いないと思った。実際に、その人の周りには物販購入という形で貢いでいる人がたくさんいた。

その他にも、料金を取らずに、タダでヒーリングをしてくれる人には気をつけたほうがいいだろう。第1章の整体師のように、やっかいなパワーをダウンロードされたり、力を吸い取られていたりすることがある。

特に注意したいのは、「首の後ろ側と背中の部分が気になるので調整させて欲しい」と言われたとき。必ず断ろう。人間の体のなかでも首と背中の部分は、オーラと同じく人間が生命活動をするうえでの必要な情報の出入り口になっているので、他人に触れさせてはいけない。

気を許してしまうと、他者の気が一生抜けないなどという事態になりかねないので気をつけよう。

未知の力を活用して人生バラ色

チャネリング本は宇宙の声

初心者が、基本的な教えを学んでみたいなら、まずはチャネリング本を読むことをお勧めしたい。

チャネリング本とは、五次元以上の宇宙存在（つまりは宇宙人）にコンタクトを取って、そのメッセージを降ろして書かれた本のことで、多くは宇宙的な目線から地球人へのアドバイスが書かれている。

日本で有名な宇宙存在の名前といえば、「バシャール」「エクトン」「ラー」「セス」などで、いずれも日本語で紹介している本が出版されている。

チャネラーが宇宙存在からのメッセージを降ろす方法は、口頭や自動書記などであり、インターネット上で公開されているものもある。

エクトンと35年以上もチャネリングを続けているリチャード・ラビン氏のチャネリングを

間近で見たことがあるが、ラビン氏はチャネリング中、立ったまま目を閉じた状態で話し続けており、なんとも言えない神秘的なムードを漂わせていた。

なぜ、チャネリング本をお勧めするのかというと、宇宙存在が伝えてくる言葉は、人間の言葉とは違って、物事の本質を突いているからだ。私自身、人間の想像力を超えた内容に「人生観を変えられた」という人にたくさん出会ってきた。

三次元の地球に暮らしていると、人間関係やお金といったしがらみにとらわれて、大切なものを見失ってしまいがちだが、より高次元の宇宙存在による言葉は、忘れてはいけない物事の本質を思い出させてくれる。

仏像からエネルギーを吸収する

占いを受けずに運気をアップさせる方法についても紹介しておこう。

運気を上げるためには、セドナなどの強力なパワースポットに行かなければいけないと思っている人がいるが、そんなことはない。

パワーのある場所というのは、わざわざ海外まで遠出しなくても意外に身近なところにある。緑豊かな公園なら、たいていはパワースポットになるし、知人の霊能者が言うには、神社仏閣はどんなに小さくても力があるということだった。

ちなみに神社にはお守りやお札が売っているが、私が何人かの霊能者に効果について訊ねたところ、「お守りやお札には、確かにエネルギーが入っているが、少ないのですぐに効力がなくなってしまう」という答えで一致していた。

なかには1日で効果が消えてしまうお守り袋もあるそうだが、神社が維持費を稼げなくなるとパワースポットが失われてしまうので、私はできるだけ買うようにしている。

話を戻そう。

私が運気アップのために、東京都内でよく行うのが、「美術館へ行って仏像を見る」ことだ。以前、六本木のサントリー美術館に展覧会を見に行ったことがあるが、そのときの展示品のエネルギーが実に素晴らしかった。

展示品の中でも特に目を引いたのが、江戸時代に作られた大阪・本山寺の秘仏「宇賀神像」という、とぐろをグルグル巻いた蛇の上にちょこんと人の頭がのっている仏像だ。あまりのインパクトに、多くの来場者が立ち止まって吸い込まれるように見ていた。

仏像には力強いエネルギーがあるので、見ているだけで仏像のパワーが目に流れ込み、運気の流れを変えることができる。

さらに効果的なのは、仏像に対して頭を斜め45度の角度に下げて、頭頂部からエネルギーを吸収する方法だ。ただ、この方法をあまりに堂々とやっていると周りの人から変に思われるので、展示品の案内文を読むフリをしてさりげなくやって欲しい。

ちなみに、なぜ、江戸時代の仏師が、宇賀神像のようにグルグルととぐろを巻いた仏像を作ったのか、知り合いの霊能者に訊ねたところ、「その像はクンダリーニ・アクティベーションを表しています」と言われ、なるほどと納得した。

クンダリーニとは、第一チャクラにあたる人間の尾てい骨の部分から、上へ上へと螺旋状《らせん》に上昇していくエネルギーのことだ。ほとんどの人が覚醒できないのだが、宇賀神像は完全に覚醒した様子を表していたのだ。

エネルギーをきれいにする方法

占いを受ける前に、エネルギーをきれいにしておくことの大切さはすでに書いたが、そのための方法もいくつか紹介しておこう。

誰にでもできる簡単な方法は、ズバリ「運気の悪い人には近づかない」ことだ。

長い人生には、幸せな時期もあれば不幸な時期もある。会社を首になったり、大病になったりと不幸な時期のただ中にいる人には、あまり近づかないほうがいい。

不幸な人に近寄らないというのは、冷たいように聞こえるかもしれないが、その人のためでもある。

人生のどん底にいる時期というのは、ひとりで自分と向き合って、問題の解決策を必死に考える時期なので、孤独でいたほうが、早く日の目を見ることになる。会って慰めたところで、問題の直接的な解決には結びつかないのだ。だから間違っても「かわいそうだから」という理由で、飲みに誘ってはいけない。

イギリスに行ってしまった私の親友で、サイキック少女のW子は、「エネルギーが乱れているときには、とにかく自然のなかで気の流れがいい場所に座ってじっとしていることです」と話していた。

確かに、野生動物は病気のときには地面にお腹をつけてじっとしている。

ただし、気の流れのいい場所というのは、一般人には見分けがつかないということが、W子と一緒にいてよくわかった。

W子とは、東京都内にある公園をいくつも一緒に訪れたが、公園の敷地内でも気の流れの良い場所と悪い場所があり、良い場所を教えてもらっても見た目では判断がつかなかった。

だから、パワースポットに行くときにも、霊能者にアドバイスを受けたほうがいい。

パワースポットの場所は、詳しく教えて人が殺到しては困るのであまり言いたくはないが、26ページで述べたとおり、皇居外苑の芝生広場は東京で最強のパワースポットのひとつなのは確かだ。

あとは普段の食事の内容に気をつけるという方法もある。

ヨーガをやっている人には肉類を食べないベジタリアンが多いが、あれは動物の肉を食べていると、動物が殺されたときの苦しみのエネルギーをもろにかぶってしまうので食べるのを避けている。食事制限をするのが面倒臭いという人なら、インターネット上でエネルギーの浄化動画を見るという簡単な方法もある。

他にもスピリチュアルアートを見たり、ヒーリング音楽を聴いたりするのも効果てきめんだ。私がある人の点描画をパソコンのデスクトップに置いたところ、雑念が消えて、通常の半分の時間で仕事が終わったこともあった。最近は宇宙語で歌を歌っているヒーリング音楽のCDなども出ていて面白い。

騙されたと思って、ぜひこれらの方法を活用してみて欲しい。

第3章
再現！占い師の名回答・珍回答

名回答1 「あなたのお金はすでに宇宙銀行にあります」

前章では、占い業界の常識について、皆さんにお伝えした。本章では、私が実際に占い師から受けたアドバイスのなかでも、特に心に深く残っている名回答・珍回答を紹介していきたい。

まずはお金についてのアドバイスだ。

長い人生で誰しも一度くらいは、将来の自分の財政事情がどうなるか、知りたいと思ったことはあるだろう。若い頃の私もそうだったが、あるときから、占い師にお金の相談をすると、あまりにも常識外れな答えが返ってくることに気がついた。

たとえば、こんなことがあった。

私は30代の頃に雑誌社に記事を持ち込み、なんのコネもなくフリーライターになったのだが、その後の4〜5年は、安定した収入がなく、ずっと貧乏だった。毎月の家賃の支払いや食費にも苦労するほどだったので、「霊能者に活路を見出してもらおう!」となけなしのお金をはたいて、相談に向かった。

すると、こんなアドバイスを受けたのだった。

「あなたは文章を書くという、自分が心から好きな仕事をしているので、近い将来にお金がザクザクと入ってくる映像が見えます。安心してこのままライターの仕事を続けてください！」

私はその言葉を、素直に受け取った。

「この人の言うとおり、これからどんどん原稿料が入ってくるんだ！」

余談だが、占い業界には、心から好きなことをして喜びを感じていると、お金が入ってくるという基本的な教えがある。自分の場合は文筆業が天職だと思っていたので、勝手にこれからやってくるバラ色の人生を思い浮かべてしまった。

だが、実際には原稿料が上がることはなかった。それどころか、出版社に原稿料を滞納されてしまい、未払いのまま出版社が倒産した。そのせいで、家賃の支払いさえ滞り、家さえも追い出される寸前となってしまった。

好きなことをしていても、すぐにお金が入ってくるとは限らないのか……。

困り果てた私は、私なりの起死回生の一手を考えついた。

「こうなれば、もっと高い鑑定料を払って、別の占い師に相談に行くしかない！」

門を叩いた占い師は、サイキック系でよく当たると評判の人物だった。私は藁《わら》にもすがる思いで、「貧乏生活を脱出するために必要なことを教えてください！」とお願いしたが、その人はニコリともせずに真顔でこう言った。

「あなたのお金はすでに宇宙銀行にあります。お金をたくさん持っているので、安心してください」

生まれて初めて聞いた「宇宙銀行」という単語にも驚いたが、それよりも家賃が払えないほどの極貧生活なのに、「お金はすでにあります」と言われてびっくり仰天した。

なけなしのお金から相談料（1万8000円）を捻出し、助けを求めに来たのに……。怒りが沸き「デタラメ言ってんじゃねー！　鑑定料返せ！」と怒鳴りつけそうになった。

だが、よくよく話を聞いてみると、宇宙銀行とはれっきとした業界用語で、適当なことを言っているわけではないとわかった。

「宇宙銀行は24時間いつでもお金が引き出せる預金口座のことです」

サイキック系の占い師が言うには、宇宙銀行というのは銀河系の宇宙にある預金口座のことだ。そこでは、お金を引き出すために印鑑や通帳は必要ない。自らの意識を使ってアクセスするだけで、いつでも必要なお金が引き出せるようになっているらしい。

さらに宇宙銀行にアクセスする方法についても教えてもらったので、ここで特別に皆さんに公開しよう。

宇宙銀行と意識で繋がるためには、まずは、前述した占い業界のセオリーどおり「自分が好きなことをしている」ことが大前提になる。だから、絵の好きな人は絵を描いて、動物が好きな人は犬や猫を飼っていればいい。

多くの人がこのことを忘れてしまっているが、心と宇宙は本来、繋がっている。自分が心から好きなことをしていると、次第に心が開いてくるので、意識が宇宙銀行と繋がりやすくなる。絵を描いている人なら、絵を描くために必要なお金が勝手に舞い込んでくるようになるという仕組みなのだ。

一方で、新米ライターの頃の私のように、文筆業は好きでも、お金のために嫌々、不本意な案件ばかり引き受けていると、宇宙銀行との繋がりが切れてしまう。すると、必要なときに必要なお金が入ってこなくなり、どんなに必死に働いたとしても貧乏生活から抜け出せないのだ。

その人の話によれば、宇宙銀行の財源に「限界」の二文字はない。だから、世界中の人が宇宙銀行にアクセスできるようになれば、皆がロックフェラー一族のような大金持ちになることも夢じゃない、というのだった。「ホンマかいな」と耳を疑う話であるが。

宇宙銀行と繋がりやすくなるためには、お金に対して常にポジティブマインドを持っていることも大切だ。逆も然りだ。

「私なんかがお金持ちになれるはずがない」

「お金がたくさんあっても幸せになれない」

そんな思い込みがあると、宇宙銀行との繋がりを阻害してしまう。それよりも、さらに悪いのは、「お金が入ってくることで、逆に不幸になるかもしれない」というネガティブな思い込みだ。

私は、ある占い師から「お金が入ると不幸になると思っているでしょ?」とズバリ指摘されて驚いたことがあったが、それを機に心を入れ替えることにした。

「自分にもお金持ちになる権利はある!」

そんな思考を持つようになると、30代の半ば頃から、明らかに宇宙銀行との繋がりが生まれ始めた。なけなしのお金で外貨預金を始めていたのだが、ちょうどその頃に急激な円高が起き、1年も経たないうちに、20万円もの利益が出た。

それを軍資金に、ハワイのカウアイ島へ旅行に行けたのだが、旅費と宿泊費とパスポート代を合わせると、金額がぴったり20万円! これは、間違いなく「宇宙銀行からの現金振り込み」だと確信した出来事だった。

そんな経験を踏まえると、耳にした直後は戸惑ったものの「あなたのお金は宇宙銀行にあります」という言葉は、文句なしの名回答。

皆さんも心を開いて、宇宙銀行にどんどんアクセスしてみよう。

珍回答1 「宇宙の法則に閉経はありません」

女性にとって、結婚や出産は人生のなかでも大きな課題だ。

30代も半ばを過ぎると、「早く結婚しなければ……」という焦りがつきまとってくる。

そんな独身女性が安心して悩みを打ち明けられる場所といえば、やっぱり占いだ。私は35歳になる直前に、駆け込み寺に転がり込むかのように、占い師のもとへ向かった。

その女性占い師とは初対面だったが、第一印象で信用できる人物だとわかった。幼少期から聖母マリアのメッセージを受け取っていたらしい。

私はさっそく悩みを打ち明けた。

「35歳になったので、今すぐに結婚したいんです！　結婚して子どもを産むためにはどうすればいいんでしょうか」

「結婚」という2文字は、30代も半ばを過ぎると、女友だちとの間でさえ禁句になってくる。

既婚者の友人との間で話題にのぼれば、旦那の話をされて「まだ結婚できないのか」とバカにされているような気分になるし、かといって独身の友人に相談すれば、「旦那がいない代わりに、自分が仕事でいかに成功しているか」の自慢競争が始まってしまう。

周囲には言えない思いの丈を、ここぞとばかりにぶつけると、占い師はサラリと言ってのけた。

「この先、年齢的に子どもを産むのが難しくなるから、今すぐにでも結婚したいと思っているんですよね？　でも、今すぐ結婚しなくても、理想の男性を見つけてからでも十分間に合いますよ。子どもはいくつになっても産めるんですから」

そんな呑気《のんき》なことは言っていられない！

男性なら何歳で結婚しても構わないかもしれないが、女性には妊娠・出産という身体的なタイムリミットがあるのだから、35歳を過ぎたら、明日にでも相手を見つけて結婚に駒を進めたいのだ！　さっさと結婚するためのアドバイスをくれ！

ん？　ちょっと待てよ。この人は今、地球の生命科学の原則を覆す大胆発言をしたような……。

聞き間違いかと思って、占い師に「『子どもはいくつになっても産める』と言いましたか？」と聞いてみると、笑顔で「はい、言いましたよ」と即答され、さらに仰天発言を続けた。

「女性はいくつになっても子どもが産めます！　これは宇宙の決まり事ですから、完全に間違いのない情報です」

彼女は自信満々に言ってのけた。この業界に慣れている私でも、さすがに驚いてひっくり返りそうになった。彼女はなおも続ける。

「女性の子宮は宇宙と繋がっているので、更年期で閉経しても妊娠する仕組みが、宇宙にはあります」

つまり、こういうことだ。女性の子宮は宇宙と繋がっているので、女性が何歳になろうと、宇宙の法則に照らして子どもを産むタイミングが来れば、50代だろうと60代だろうと子どもを授かる可能性は十分にある。

ところが、世の中の大半の人は「閉経してしまったら子どもはできない」と思い込んでいるから、子どもを作ろうとも思わない。せっかくの宇宙の法則を、台無しにしているというのだ。

さすがに信じられなかった私は、彼女の正気を疑って席を立った。ところが、それから数日後、別の霊能者がまったく同じ話をしていたことを、人づてに聞いた。その人は道教の覚醒法の継承者であり、この業界では世界的な有名人だ。有名人だから信用できるわけではないが、気になる情報だった。

詳しく聞いてみたくなった私は、女性のもとを再び訪ねて、こんな疑問をぶつけてみた。

「もしかして、宇宙の法則によれば、男同士でも妊娠することがあるんですか？」

興味本位の質問だったが、「いいえ。男性は子宮がないので妊娠できません」とあっさり否定された。

なるほど、宇宙の神秘が隠されているのは女性の子宮だけなのだ……。

そういえば、妊娠した女性は宝くじが当たりやすいという俗説がある。ひょっとすると、子宮を通じて宇宙と繋がりやすくなって起きる現象なのかもしれない。

未だに結婚すらできていない私としては、このアドバイスにすがりたい気持ちもある。しかしあまりにも突飛な話だし、私自身が証明することもできないので、ひとまず珍回答に認定しておこう。

珍回答 2

「あの世には生まれ変わりの受付カウンターがあります」

死後の世界に、天国や地獄はあるのだろうか。

実は占い業界で「天国」や「地獄」について語る人は、わずかである。

というのも、「そもそも人は生まれてもいないし、死んでもいない」、つまり生死という概念自体が幻想であるという「非二元論」が思想の根底にあるので、死後の世界である天国と地獄には関心がないのだ。

ただ、私自身、死後の世界について詳しく知りたいと思ったことが、人生で一度だけある。それは父がガンを患って亡くなったときだ。親を亡くしたのは初めてだったので、無常観を覚えるとともに、死の先にあるものに関心を持った。

そこで、霊能者の知人に会ったときに「死後の世界のことなんて、知っているわけがありませんよね？」と訊ねてみた。

すると「知っていますよ」とあっさり言われて拍子抜けしてしまった。

その人は生まれつき霊能力があり、人の生死についての予言までできるが、普段はあえて言わないようにしていると話していた。幼少期から、周りの人を見ては、「この人はもうすぐ亡くなる」と、オーラや臭いでわかったそうだ。

ちなみに、もうすぐ亡くなる人のオーラは真っ黒になるそうなので、霊能者に「オーラの色が黒っぽい」と言われたら注意しよう。手遅れかもしれないが……。

話を元に戻そう。

私はまず、父が亡くなって成仏できたかどうか聞いてみた。すると静かに目を閉じて、「そうですね……。あなたのお父さんは寿命でした。成仏していますので安心してください」と言われたので、ホッとした。

だが、その後に飛び出したのは、予想もしていなかったまさかの一言。

「あの世には生まれ変わりのための受付カウンターがあって、あなたのお父さんも列の最後尾に並んでるのが見えますよ」

生まれ変わりの受付カウンターとはいったい⁉

その人が言うには、人間は亡くなると皆が同じ場所に集められ、空港の税関カウンターのような場所に行列をなして並んでいるらしい。

ただし、そのカウンターは手際が悪く、フロアは順番待ちの死者で大混雑している。気が遠くなるほど長い行列で、手続きを終えて生まれ変わるには、最低でも1〜2年は待つという。並ぶのが苦手な人にとっては、フロアが地獄に感じられるだろう。

「でも、人生で徳を積んだ人ほど、他人より早く生まれ変わることができるという裏技もあるんです！」

1階のカウンターに通されると、この大行列に並ばないといけないのだが、2階や3階にもあるカウンターには並んでいる人が少なく、そこに通されると他人より早く転生できる。そのために必要なのが「徳」だという。

まさか、あの世に3階建ての転生受付所があるとは思いもしなかった。

死後の世界といえば、「三途の河」を渡り、閻魔大王の審判を受けてから行くものとばかり思っていた。さすが、時代は21世紀。時代の流れとともに、死後の手続きもシステム化が進んでいるらしい。


だが、腑に落ちないことがある。

亡くなった人は家族のもとに帰ってきて、守護霊として見守ってくれているのでは？

私自身も以前に、別の霊能者に、「あなたの亡くなった叔母さんが背後についていますよ」と言われたことがあったが、ディズニーランドもびっくりの大行列に並ばされているなら、家族の様子を見に行く暇なんてないはずだ。

そう思って訊ねてみると、素朴な疑問はあっさり解決された。

死後に霊体になると、肉体がないので同時に複数の場所に存在できるようになる。だから、生まれ変わりの受付カウンターに並びながらも、守護霊として家族のもとに帰ってくることができるらしい。

「もし、あなたが『お父さんは元気かな？』と思えば、その瞬間からお父さんはあなたの後ろに立っています。だから、お父さんはいつでもあなたのことを見守ってくれているんですよ」

なんだか最後はホロリと泣かせる話に落ち着いたが、生まれ変わりの受付カウンターに行列を作る死者たち、というのはあまりに間抜けな光景なので珍回答に認定しておこう。

名回答 2
「アイスコーヒーを買うことで徳を積んでいます」

父の死をきっかけとして、死後の世界に興味を持った私は生きている間に徳を積めば（知人の霊能者の言葉を信用するなら)、早く転生できることがわかった。

しかし、どうすれば徳を積めるのだろう。その疑問は常に頭の片隅にあったのだが、ついにそれが解消される日がやってきた。

私が英語の勉強を始めてしばらく経ったときのこと。

ハワイに興味を持つようになった私は、せっかくならその歴史や文化についても学んでみたいと考えた。とはいえ、自分で調べるのには限界がある。

そこで、あるハワイ専門家の男性にメールでコンタクトを取ってみた。占いとは無縁の男性だったのだが、私の書いた記事に興味を持ってくれて、「無料で教えてあげますよ」と言うではないか。

私も最初のうちは「タダで教えてくれるなんてラッキー」と厚意に甘えていたのだが、5回、6回と回数を重ねていくうちに、気が引けてきた。このままズルズルと無料でレクチャーを受けていいものか。とはいえ、授業料を払えるほどの金銭的余裕はない。

こんなときに私が頼るべきは、やっぱり相手の気持ちが見える霊能者。どうすればいいのか、私はすぐに相談に行った。

「このまま無料で授業を受け続けていいのでしょうか。申し訳ないし、相手の方も教えるのが嫌になってしまわないか、心配なのですが」

自分の本音を正直に伝えた。そして会話のなかで、私が手ぶらで教わりに行くことに気が引けるので、アイスコーヒーを差し入れに買っていった話をした。

すると霊能者は喜々として言った。

「それは素晴らしい！　あなたはまだ気がついていないでしょうが、アイスコーヒーを買うことで徳を積んでいます」

彼が言うには、徳を積む方法として、大昔の修行僧のように滝に打たれたり、山歩きをしたりして苦労するのは時代遅れ。今の時代は人と人とが社会で交わるなかで、相手に感謝されることで徳が積まれていくという。

だから霊能者は、「アイスコーヒーを選んだのは絶妙です」と評価した。

もしこのときに私が選んだのが、相手に気を遣わせてしまうような高価なケーキやクッキーだったり、逆にプライドを傷つけてしまうような安物の煎餅だったら、心の内で評価されることはなく、徳を積むことはできていなかったらしい。

「それに、授業料を支払っていれば、その人はかえって恐縮して教えるのを止めてしまっていたでしょう。コーヒーを選んだのは100点満点！　あなたは徳を積むのが上手です」

期せずしてべた褒めされ、なんだか体がこそばゆくなった。

さらにその人が教えてくれたのは、人間はそうやって徳を積むために、現世に生まれてくる存在だということ。あの世の受付カウンターについて教えてくれた霊能者も言っていたとおり、現世で積んだ徳が、来世でいつどんな風に生まれ変わるかに影響を与えるそうだ。

ちなみに、現世でどれだけ徳を積めばいいかという、徳の重さを測るためのバロメーターが宇宙にはあるらしい。若い頃に徳をたくさん積んで、バロメーターの目盛りが振り切れてしまうと、来来世の分まで先取りして徳が積まれるというシステムもあるそうだ。

このようにあの世の奥深さを教えてくれた体験だったので、名回答に認定したい！

珍回答3

「左目がぼやけていたのは霊能力に開眼したからです」

霊能力を持っていない私だが、束の間だけ、自分も超常的な力に開眼したかと錯覚させられた出来事があった。

ライターとしての仕事で、とあるサイキック系の霊能者の本を代筆していたときだ。インタビューをしなければならないため、かつてないほど長い間、霊能者と2人きりの時間を過ごしていた。

インタビューを終えて、居酒屋でお酒を飲んでいると、酔った霊能者が脈絡もなく「実は私、人の視力を回復させることができるんです！」と自慢話を始めた。

その仕組みはこうだ。

目そのものにアプローチするのではなく、視力を低下させている「現実を見たくない！」といった感情や、前世からの因縁、過去のトラウマなどを解消することで視力を回復させる。実際、感情を手放したり、因縁を解放することで視力をアップさせるセッションは各所で行われており、レーシック手術並みの高額な受講料を払って受ける人もいる。

当時、私は目に悩みを抱えていたので、その話にすぐに飛びついた。ライター業の繁忙期ということもあって、1日12時間以上はパソコンを使っており、そのせいでいくら目薬を差しても左目だけがぼんやりとかすんで見えていた。白内障を疑っていたほどだ。

事情を話すと、その人は、「わかりました。では今回だけ、特別に無料でテクニックを披露して差し上げましょう！」と、酔った勢いで引き受けてくれた。

実際に受けてみると、その人の手法は感情や因縁、トラウマに働きかけるものではなく、意識を私の視神経に集中して無理やりに視力を回復させるという力技だとわかった。この業界には「意識が現実を作り出す」という原則がある。意識をコントロールすることさえできれば、人間の神経をも動かせるのだ。

最初はなにも感じなかったが、施術を受けて1分ほど経とうかという頃、左目に明らかに変化が現れた。ぼんやりとした視界がクリアになり、周囲が明るく見える。居酒屋の壁に貼ってあったメニューを見て、さらに驚いた。

「すごい！　さっきまで見えなかったメニューの字がはっきり見えます！」

視力が回復した私は、飛び上がらんばかりに喜んだ。

これで眼鏡なしで過ごせる。まるで夢のようだ。

それを聞いて、テクニックを施した霊能者本人も「そうですか！　こんなに回復するとは思っていませんでした」と喜んでいた。

そして、さらに驚きの一言を放ったのだった。

「あなたの目がぼやけていたのは、白内障のせいじゃありません。もともと持っていた霊能力に開眼したからですよ」

霊能者は真面目な顔で続けた。

一般的に、霊能力に開眼するときは五感を司っている右脳の働きが高まっている。その影響によって、主に左目がぼやけてくる。左目がぼやけるというのは、「これ以上、現実を見たくない」という心の表れだが、その代わりに第三の眼が開くので、これまで見えなかったものが見えるようになるという。

「霊能力の強い私と、長時間一緒にいたから、真理子さんにも能力が移ったんでしょう。これから先、もっと能力が開花する真理子さんの姿が見えますので、期待してください」

ところが、居酒屋を出てから1～2時間後。

なんと、左目のかすみがきれいに復活してしまった。後日、近所にある眼科に行って診てもらった。医師は目のレントゲンを見せながら、私に語りかける。

「ほら、ここに白い線が出てるのが見えるでしょう。まだ若いのに白内障が出てきていますね」

おいおい、やっぱり白内障じゃないか！

それにしても、一瞬視力が回復したのは、どういうわけだろう。酔って血行が良くなったせいだったのか……。もちろんその後、私に霊能力が宿ることはなかった。

ということで、彼のアドバイスは堂々の珍回答に認定しよう。

名回答 3

「友人を作りたければ、フットサルをしなさい」

私は子どもの頃から友人が多いタイプではないが、人生のある時期、文字どおりひとりの友人もいなくなったことがあった。それも1ヶ月や2ヶ月の話ではなくて、少なくとも5年以上は友人と呼べる人がいなかった。

そこで、ある占いイベントに行ったとき、10分間500円というサービス料金で鑑定を行っていた占い師がいたので、すぐさま飛びついて「どうすれば友人ができるか」と相談した。

その人物はまだ20代の男性で、どこかミステリアスな雰囲気が漂っていた。国籍は日本人だが、幼少期にアフリカで暮らしていた時期があり、植物に宿っている自然霊と会話ができると話していた。

男性の判断は素早かった。

私が椅子に座ると、すぐに足元を見て「それです。友人を遠ざけている理由は」と、私の履いている靴を指差した。そして、こう付け加えた。

「別の靴に変えれば、今すぐにでも友人ができますよ」

ええ――⁉

靴が原因？　思いもよらない鑑定結果に私は言葉も出ない。

占いを受けた時期は真夏だったので、私はお洒落なラインストーンの付いたミュールを履いていたのだが、アフリカ帰りのその男性曰く、ラインストーンが放っているギラギラした光のせいで、エネルギーに反射が起きて、他人が近づきにくくなっているということだった。

「そう言われてみると……」

私はハッと気がついた。

当時、私はキラキラしたラインストーンの付いた小物に目がなく、コレクションしていたのだった。ラインストーンのミュールに始まり、携帯のデコレーション、巨大な石の付いたスワロフスキーのネックレスなど、ギラギラしたものばかりを身につけて、歩くパチンコ屋のようになっていた。

ただし、占い師が言うには、アクセサリーをつけているからといって必ずしも運気が下がるわけではなく、その人のエネルギーとの相性が良ければ、逆に運気を上げてくれるラッキーアイテムになるという。

鑑定結果を聞いた後、その靴をすぐにでも捨てたいと思ったが、「買ったばかりなのにもったいない」という持ち前のケチ根性が出てしまい、結局3年ほど履いてから捨てた。もちろん、友人はできないままだった。

この人とは別の霊能者に聞いた話だが、相性が合わない香水をつけたり、色や雰囲気が自分と合っていないバッグを持っていても、同じように友人が遠ざかってしまうという。

鮮やかなオレンジ色の革製バッグを持っていたときには、「それでは色が強すぎて友人を遠ざける。あなたは砂漠の砂のような色の地味なバッグにしなさい！」と、アドバイスされたこともあった。

さて、その後の私は引き続き、友人を求めて占い師への相談を続けた。ある日、相談に向かった男性占い師は、占星術と四柱推命を組み合わせてオリジナルの占いをするスタイルだった。

彼は私の鑑定結果を見るなり、即座に言った。

「友人を作りたければ、フットサルをしなさい」

またしても思いがけないアドバイスが飛び出した。「古代に基礎が作られた占星術から『フットサルをしなさい』なんて占い結果が出るわけないだろう！」とツッコミたくなったが、話を聞いてみるとちゃんと根拠があった。

占い師が独自に算出した鑑定結果によれば、私の生年月日（生まれた時刻を含む）で見た星回りでは、体を動かして行うスポーツが生まれつき苦手。そして、友人を作るためには、あえて苦手なことにチャレンジするべきだという。

確かに、彼が指摘したとおり、私は子ども時代から運動が大の苦手だった。特に球技は大嫌いで、友人に誘われても頑なに拒否するほどだった。だから、私にとっての「苦手なこと」の代表格は、紛れもなく球技だった。

アドバイスには納得できたが、なぜ数ある球技のなかでフットサルが選ばれたのかは、今でもよくわからない。テニス、卓球、バスケット、バレーボール、ボウリング……候補はたくさんあったと思うのだが。

その後は、どうしてもフットサルをやる気になれず、そのせいか未だに友人は少ない。ただ、なぜ自分に友人ができないのかをはっきりと示してくれた占い師たちに敬意を表して、名回答に認定しておきたい！

名回答 4
「結婚したければ、もっとセクシーな下着をつけなさい」

67ページで述べたとおり、私は人生で一度だけ、霊能者に下着の色を当てられたことがある。といっても、そのとき穿いていた下着の色ではない。

視線をやや左上のほうに上げて、遠くにあるなにかを見るような目つきをすると「黒、ピンク、水色……」と、私が持っている下着の色を一度も間違えることなく次々に言い当てていったのだ。

この話を聞いて、「下着の色なんて、誰にでもわかるに決まってるよ」とバカにした知人は、「まず、白の下着は絶対に持っているでしょう?」と同じことをやろうとして、すぐに失敗した。残念！　私は白の下着は一枚も持っていなかったのだ。

ちなみにその霊能者は、私が持っていなかった下着の色をもやすやすと当てた。

「あなたは緑色の下着は持っていないよね」

ご名答！　持っている下着の枚数についても、「7枚」とピタリと当てた。

さらにその人は付け加えた。

「真理子さんは、1枚だけ紫色の下着を持っているよね」

しかし、記憶をたどってみたものの、そんな色の下着は持っていなかった。やはり偶然だったのかと思い、タンスの引き出しを開けてみると、滅多に穿かない濃紺のショーツが視界の端に入ってきた。

「まさか」と思い、それを部屋の蛍光灯に当てて透かしてみたところ、やっぱり！　紺色だったと思っていた下着は鈍い紫色だったのだ。

その霊能者によると、普段身につけている下着の色や形というのは、皆が思っているよりもずっと霊的なエネルギーに影響を与えているということだった。たとえば、「赤いパンツを穿くと健康運が上がる」というのは一般的に言われていることだが、これも人によって色や形の相性があるので、合わない人もいるそうだ。

だから、色の相性がわかる専門家（カラーセラピスト）に見てもらうことを勧められた。

また、その霊能者からは、こんな指摘も受けた。

「真理子さんの下着は色気がなさすぎ。レースが大きいし、お金をケチって安物ばかり買っているから大人の色気がない。もし結婚したいと思っているなら、大枚をはたいてでも海外インポート品の高級セクシーランジェリーを買いなさい、と神様が言ってるよ！」

あまりに具体的なアドバイスに圧倒されたが、彼は40代の女好きな男性だったので、ただの個人的趣味で言っているのだろうと、あまり気にとめなかった。

ところが、それから6年後、まったく同じことを、恋愛相談を頼んだ女性霊能者から言われて、彼からのアドバイスが正しかったことに気づいた。

アドバイスをしてくれたのは、エジプト人のような目力を持つアカシックレコード系の人だ。私をひと目みるなり、力強く話し始めた。

「あなたの下着は色気がなさすぎます。だから、男性が近寄ってこないんです。結婚したければ、これからはもっとセクシーな下着をつけなさい。神様がそう言っていますよ」

その人が教えてくれた鑑定結果はこうだった。

私がレースの装飾が付いた下着をつけているのはいいが、とにかくショーツの形に色気がない。お尻を安定させるようなガードルタイプのショーツではダメで、Ｔバックやタンガなど、ヒップをくっきりと強調するような下着にすぐに変えるべき。股の部分がパックリと割れているセクシー下着だと、言うことなし！

さらに、自分が女性であることを思い出すために、ガーターベルトは日常的に身につけるべきだと説かれ、さすがに頭がクラクラした。そこまでしないと私は結婚できないというのか……。

そこで女性霊能者に訊ねてみた。

「セクシー下着をつけろというのは、他の人にも勧めているんですか」

「いいえ、そんなことはありません。あなたが初めてです。正直に言うと、私もこんなことをお客さまに言うのは恥ずかしくて言うべきか迷いましたが、神様が上から言え、言えと言うものですから仕方なくて」

結婚するためにセクシー下着をつけろなどというアドバイスを受ける人は、まずいないらしい。その霊能者が言うには、神様はひょうきんな性格をしていて、ときには想像もつかないアドバイスをくれることがあるという。

そういえば、私に６年前、セクシー下着をつけるようにとアドバイスをした霊能者も、同じようなことを言っていた。

「神様は粋で面白い人だよ。みんな真面目な人だと思ってるけど」

霊能者2人が言うなら、きっとそのとおりなのだろう。

鑑定結果を聞いた後、私がセクシー下着を買うために、大手下着メーカーの「○コール」に駆け込んだのは言うまでもない。インポート下着は高くて手痛い出費だった。

効果のほどはまだ出ていないが、これほどの衝撃を受けたアドバイスはなかったので、これも名回答に認定する！

珍回答 4

「二股をすれば結婚できる可能性があります」

これまで、数え切れないほど占い師に恋愛に関する相談をしてきたが、彼らが導き出す答えにはひとつの共通点があった。それは「恋愛に世間一般の常識を持ち込むな！」ということだ。

私が20代の頃、同窓会で10年ぶりに再会した昔の彼氏と燃え上がってしまい、男女の関係を求められた。ところが、彼は既婚者。そこで、今後どうすればよいかという相談を友人……ではなく霊能者に求めた。

そのとき、私が訪ねた霊能者は、幼い娘を持つ一児の母親。彼女であれば地に足のついたアドバイスをくれるはずと思ったのだが、ためらいなく衝撃の発言をした。

「しばらくその男性と遊んでいなさい。相手の女性にバレなければ不倫になりませんから」

私はそれを聞いて、思わず「先生が、そんな不謹慎なアドバイスをしていいんですか」と聞いてしまったが、あっさり「それでいいんです」と返された。

その先生曰く、他人のパートナーを略奪すると罪になってしまい、カルマとなって来世まで持ち越されてしまうので、略奪婚をしてはいけない。だが、単なる色恋や情事で終えるなら、罪にはならないので問題ない。むしろ、浮気や不倫は魂の経験値を上げることになるので、ぜひおやりなさい、ということだった。

それを聞いた私も「そこまで言うなら……」とグラリときたが、後になって自分を口説いてきた元彼氏が、他の女性とも関係を持っていることが判明し、一線を越えることはなかった。

だが、この件をきっかけに、私は「宇宙の教えでは、浮気も不倫もお咎《とが》めなし」だということが薄々わかってきた。

また、30代前半の頃には、こんなことがあった。当時、私が付き合っていた男性は、パチンコやギャンブルにはまっていて明らかに結婚向きの相手ではなかったが、私は「とにかく早く結婚しなければ」と焦っていた。

そこで、結婚へと人生の駒を進めるにはどうすればいいのか、あるチャネリングが得意な霊能者にアドバイスを求めると、こんな答えが返ってきた。

「その男性とお付き合いしながら、別の方との出会いも探しましょうね」

その人曰く、お見合い、合コン、婚活パーティーなど、出会いの場所はどこでも構わないから、手当たり次第に顔を出して、いい相手を見つけたら遠慮なく二股をかけなさい、というのだった。

私はこのときも、「霊能者なのに不謹慎な！」と思ったが、反論してみると、やはり「これでいいんです」とあっさり言われた。

今回は、もう少し踏みとどまることにした。

「でも、私は男性と真面目にお付き合いして結婚したいんです！」

だが、霊能者は動じない。

「2人に対して真面目なら、宇宙では浮気にはなりません。そんなことも知らないんですか？　それに、あなたは二股をすれば結婚できる可能性があると、宇宙からメッセージがきています。結婚したいと最初に言いましたよね？」

その人の言い分はこうだった。浮気も不倫も、神様が作り出した概念なので良いも悪いもない。浮気が非人道的だという人は、まずその点を勘違いしている。

そもそも、「パートナーは一生にひとり」というルールも、神様ではなく人間が勝手に作り出したもの。人生のなかで、友人や仕事相手などが変わっていくように、パートナーも魂の成熟度に合わせて変えていくというのが、宇宙の理《ことわり》に沿った自然な生き方なのだ――。

果たして、この人は、私が不倫をして相手の妻に訴えられたとき、責任を取ってくれるのだろうか。そう聞いてみたかったが、法律も裁判も宇宙のルールの前では無力だろうと思い、あえて口にしなかった。

そういえば、私がこれまで鑑定してもらった霊能者や占い師には、バツイチ、バツニの離婚経験者が多かった。それを思えば、浮気や不倫同様、離婚も悪いことではないのだろう。

以前、私が取材先で出会った霊能者も、「結婚相手とは別にもうひとり異性のパートナーを作るべき」と主張していた。「三角関係はピラミッド型なので安定する」というのが、その根拠だった。

ともかく、「二股をかければ結婚相手が見つかる」というのは、一般常識で考えれば、到底受け入れられる話ではない。さすがの私もそこまで突き抜けてはいないので、このアドバイスはあくまで珍回答にしておこう。

珍回答 5

「肩に元気玉が入っているので、ガンが早く治ります」

私が霊能者から、遠回しにガンを宣告されたことはすでにお伝えしたが、実はその話には続きがある。「大腸ガン」という診断を病院で受けた後、私はまた性懲りもなく別の霊能者のところに相談に行った。

すると、「ガンを完治させるために○○神社へお参りに行きなさい」とアドバイスをくれた。

東京から3時間以上もかかる場所だったが、私は鑑定を受けた翌日にはお参りに向かった。その神社を訪れるのは初めてだったが、いかにもご利益がありそうだった。

ひと山全体が神社になっており、敷地内に一歩足を踏み入れただけで、心がすっと静まった。霊能者の助言による先入観があっただけかもしれないが、この神社には確かになにかがいた。山中で祭神の像の写真を撮ると、そこには見覚えのない白い煙のようなものが、ぼうっと写っていた。

まだ不安があった私は、再び霊能者にアドバイスを求めた。

霊能者は「また来たの」と、すがってくる私に呆れた様子だったが、遠くを眺めるような目つきをしてこう言ったのだった。

「その神社で、すごくいいものをもらってきましたね」

私は参拝したときになにかを買った覚えはない。誰と話したわけでもない。いったい誰に、なにをもらったというのだろう。

正直に、「なにも、もらっていませんが」と答えると、霊能者は首を横に振った。

「いいえ、もらっていますよ。それは『元気玉』です」

元気玉⁉　某少年漫画で主人公が作り出す必殺のエネルギー玉を想起してしまったが、もちろん別物だった。霊能者曰く、自然が放っている気のパワーを集めて作ったエネルギーの玉が、この世には存在している。その人は霊視で、私が神社のなかで森をじっと眺めているとき、森の精霊がエネルギー玉を左肩に入れるのが見えたというのだ。

「肩の元気玉のおかげで、ガンが完治しますよ。普通の人だと回復するのに10日はかかりますが、あなたは肩に元気玉が入っているので、5日間もあれば回復するでしょう」

私はさすがに現実離れした話だと思ったが、参拝したときに、森をじっと眺めていた時間があったことを思い出した。その森は、鳥居のすぐ側にある小さな茂みのような場所だった。小鳥の鳴き声が反響して幻想的なムードが漂い「神様はきっと、こういうところにいるのだろう」と思わされ、しばらくその森に佇《たたず》んでいたのだった。

その間、上質なお香のような香りが絶えずあたりを包んでいた。本殿はここから遠いため、香りの源ではない。きっとあの上品な香りこそ、五次元以上の上級霊が持っているもの。次元の高い霊が現れると、上品な花の香りがするのは、占い業界での定説だからだ。

森の精霊が、私の肩に元気玉を入れたのかどうかは定かでないが、私はガンの手術を受けると体がめきめきと回復し、霊能者の予言どおりぴったり5日間で病院を退院できたのだった。

「いったいどこの神社だ」という読者の声が聞こえてきそうだが、神社の名前を教えて参拝客が殺到してしまうと困るので、実名は伏せておく。東京の都心から電車とバスを乗り継ぎ、3時間以上かかる範囲の神社ということだけ、お伝えしておこう。

ところで、私はその後、「元気玉の効果がいつまで保《も》つのか」がどうしても気になって、ガンが治ってから再び霊能者のもとを訪れた。

「またお前か」という顔をしながらも、答えてくれた。

「一度入ったエネルギーは、勝手に体から出て行くことはありません。だからもう一度ガンになっても、手術すればすぐに回復しますよ」

それを聞いた私は大喜びしたが、知人にそのことを話すと、あっさり盲点を突かれた。

「元気玉は病気になる前には効かないの？」

言われてみれば、病気になった後にしか効かないエネルギー玉なんてちょっと変だ。

現実に体は超回復したものの、なんだか元気玉の効能に納得がいかなかったので、珍回答に認定しよう！

名回答5 「この世は不平等だけど、時間だけは平等」

人生には、どんなに努力しても自分の力だけではどうにもならない問題が生じることがある。私のライター仲間・Y子（35歳）は、まさにそんな悩みを抱えていた。

彼女の悩みは、義父が事業に失敗して作った借金についてだった。義父は、70歳になるので定職がなく、借金の返済能力はなかった。

Y子の夫も日雇い派遣の工事現場労働者だったため、一般のサラリーマンと比べて所得が低く、月収60万円の稼ぎを持つY子が、代わりに借金返済をするようにと一族の間で迫られているというのだった。

さらに問題なのは、若い頃から何度も繰り返しているという義父の借金癖。義父は、周りの友人にお金をせびって借りては、新しい事業を始めようとするので、今回の借金をY子が肩代わりしても、すぐにまた借金癖がぶり返すのではないかと、一族の間で怖《おそ》れられているのだった。

それを聞いた私は、怒りにワナワナと震えた。

「人様に迷惑をかけておいて、反省もしないとはとんでもない！」

「そんな奴の借金を肩代わりしてあげる必要はない！」

「稼ぎがなくて頼りにならない旦那とは別れちまえ！」

怒りに任せてY子を全力で説得しにかかったが、いっこうに煮え切らない態度なので、無理やりにある霊能者のところに引っ張っていった。この男性霊能者は、常に冷静沈着な態度を崩さないプロフェッショナルだ。

彼はゆっくりと口を開いた。

「お義父さんの代わりに借金を返済するのはあなたのご自由ですが、これだけは忘れないでください。この世は不平等ですが、時間だけは平等に流れています。あなただけが時間を削って損をする必要はありませんよ」

その意味するところはこうだ。

「人は誰しも平等な存在」が建前の現代社会だが、実際には生まれた瞬間から、家や両親、与えられた体など多くの要素で差がついている。だが、こんな不平等な世界でも、たったひとつ万人に平等に与えられているものがある。

それは「時間」だ。

時間は誰にとっても、同じペースで流れている。そして、不可逆的に流れていくものなので、一度失ったら取り返しがつかない。

「あなたのお義父さんが奪おうとしているのは、お金ではなく時間なんです。あなたがこれまでコツコツと時間をかけて貯めてきたお金を使うことで、平等に流れているはずの時間を無駄遣いしようとしています」

そして、声色をガラリと変えた。

「あなたが勇気さえ出せば、お義父さんに大事な時間を奪われずに済みます。嫁としての立場もあるでしょうが、『ご自分で借金の返済をしてください』と言いましょう。あなたが言わなくて、他の誰が言うのですか」

それを聞いたY子は、こらえきれず涙を流していた。そして、このアドバイスのおかげで、Y子は変わることができた。それまではただの従順な嫁だったが、借金癖のある義父に初めて反抗したのだった。

文句なしの名回答に認定！　と言いたいところだが、その後、事態は思いもよらぬ方向へ動き出した。霊能者からのアドバイスに感化されたのか、Y子はすっかり人が変わったようになり、お金に異常な執着を見せるようになってしまった。

原稿料の支払いがひと月遅れただけで、「私の大切な時間とお金を返せ！」と言って、出版社と揉め事を起こし、挙句には4万～5万円の原稿料の未払いで、出版社を提訴するという強硬手段に出た。

当然の成り行きとして、「仕事をすると裁判沙汰に巻き込まれるライター」として知られて原稿依頼は激減、仲間たちからも敬遠されるようになってしまった……。

どんな名回答も、捉え方次第で毒にも薬にもなるという良い例だろう。事の発端はY子を霊能者のもとに連れて行った私だから、私も反省するべきなのだろうか……。

名回答 6 「人は不完全だからこそ生きている意味があります」

私が人生で初めて出会った霊能者に、「あなたは45歳で自殺して死ぬ！」と言われてから、英語の猛勉強を始めたという話をした。

それから約2年後、ある外国人の霊能者と、来日中に雑誌の取材で知り合い、英語の翻訳をして欲しいという依頼を受けた。

申し出はうれしかったが、問題は当時の私の英語力であった。まだ仕事として英語を使えるほどの実力がなく、仕事を引き受ける自信が持てなかった。そこで、ひとまず返事を先送りにし、その人とは別の霊能者のところに相談に行った。

「英語力に自信がないままで、翻訳の仕事を引き受けて大丈夫でしょうか」

そんな頼りない質問をすると、霊能者は即座に答えた。

「完璧になるのを待っていたら、いつまで経っても仕事のチャンスは活かせませんよ。誰でも最初は素人です。初めから完璧な人なんてどこにもいないのです」

その答えを聞いただけで「なるほど」と納得したが、話はさらに深い宇宙の原理に及んでいった。

「最初から完璧なら、そもそもこの世に生まれた意味がありませんよね。人間は完璧になるためにこの世に生まれてきているんですから」

どういう意味か説明しよう。

宇宙の原理では、すべての人は生きている間、不完全な部分を持っていて、それを穴埋めするためにこの世に生まれてきたのだという。だから、もし１００パーセント、完璧な状態になってしまうと、もはやこの世に生きている必要はないので、そのときには死んであの世に行くことになるというのだ。

私が相談した霊能者は、いわゆるミディアム（死後の人間からメッセージを受け取る能力を持つ人）で、死後の人間からのメッセージで、この原理を知った。

というのも、生前にどれだけ苦労してきた人でも、あの世に行った後は「私の人生は完璧なもので、満足だった」と話しているそうだ。だから、身内など、亡くなった人がこの世に未練を持っているのではないかという心配は、しなくていいのだ。

話を元に戻すが、私が英語翻訳に自信がなかったように、新しいチャレンジを始めるときに自信が持てないのは、大半は情報不足が原因らしい。だから、事前に本を読むなどして情報を収集すれば、不安の9割は解消できる、と霊能者は教えてくれた。

私がその話を聞いて、「よし、まだ自信はないけど、とりあえずやってみよう！」と決意したのは言うまでもない。実際のところ、完璧な仕事とは程遠かったが、依頼主には喜んでもらえた。

今では、なにか新しい仕事を始めるときには、「完璧じゃなくてもいい。失敗してもいい」と思うようにしている。

このように、心にかかっていたもやを取り払って、やる気をアップさせてくれるようなアドバイスこそが、本当の名回答だろう。そんな人に出会えたときにはご縁を大切にして欲しい。

名回答
7

「不完全な名前を付けてくれた両親に感謝しましょう」

「人は不完全だからこそ、生きている意味がある」

このことを私に教えてくれた人物を、もうひとり紹介しておこう。

姓名判断の先生だが、赤ちゃんの名付けや改名の権威として有名な人物だ。もちろん、先生に私の本名を鑑定してもらった。

「総画は大凶。波乱万丈・生涯孤独運という悪運を持っていますね」

壮絶な鑑定結果を聞いて、私は「やっぱり」と納得した。

読者の方はすでにお気づきだろうが、私のこれまでの人生は波乱万丈。占い師に1000万円以上もつぎ込んで散々騙された挙句、20〜30代を通して信頼できる友人や恋人にも恵まれなかった。

「私が貧乏で孤独なのは、私の努力不足のせいじゃない！　姓名判断もせずに安易に名前を付けた両親が悪かったんだ！」

鑑定結果を聞いて、ふつふつと怒りが沸き上がってくる。数々の自分の悪行は棚に上げ、名前を付けた両親を逆恨みした。

「こうなったら……！」

私は目の前にいる姓名判断の巨匠の手をギュッと握り、こう伝えた。

「お金はいくらでも払います！　私にこの世でいちばん良い名前を付けてください！」

しかし、返ってきた答えは意外なものだった。

「今の名前のままでいいんですよ。むしろ、不完全な名前を付けてくれた両親に感謝しましょう。足りないところは自分の努力で補っていきましょうね」

先生は、弥勒菩薩のように穏やかな顔つきで続けた。

名前というのは、字画が足りなくて苦労するくらいのほうが、人生勉強になってちょうどいい、人は足りない部分を埋めようと努力するからこそ深みが出て、この世に生きる目的が見えてくる。

これを聞いて改めて納得。波乱万丈、生涯孤独運という悪運の強い名前を付けてくれた両親に対して、感謝の気持ちが生まれた。私は名前に負けず、たくましく生きている。

また、その先生曰く夫婦や恋人といったパートナーとの相性も同じで、少し相性が悪いくらいの相手のほうが、上手くいくとのことだった。稼ぎが少ない、異性にだらしがない、マザコン・ファザコンなどの欠点があっても、苦労をともに分かち合えばお互いに人間として成長できるというのだ。

さすがは姓名判断の権威だ。正直、マザコン男とは結婚したくはないが、生きる意味について教えてもらったので、堂々の名回答に認定したい。

珍回答 6

「神様は人間の幸せなんて願っていません」

特定の宗教の信者かどうかにかかわらず、世の中のたいていの人は、神様は人の幸せを願っているものだと信じている。私も以前は同じ考えだったのだが、ある霊媒師に言われた一言で目が覚めた。

その人は、曽祖母が恐山《おそれざん》で霊媒師をしていたという、イタコの遺伝子を受け継ぐ人物。自身もまた霊媒師を生業《なりわい》としていた。

霊媒師というのは、文字どおり神様からのメッセージを、自分の肉体を媒介にして降ろし人に伝えている。そのため彼女は「神とはなにか」ということについて、私がこれまで出会った誰よりも詳しかった。

そんなイタコの曽孫が、私に向かってこう言った。

「神様は人間の幸せなんて願っていません。むしろ、不幸を願っているんです」

その人の説明はこうだ。

神様は人間の魂の成長を願っているからこそ、辛くて苦しい人生を与えようとしている。しかし人間は、神様にすがれば現世利益をもたらしてくれると、勝手に勘違いしているのだ。だから、自分の思いどおりにならないことが起こると、「神様、なぜ私をお見捨てになったのですか」などと言って嘆くのだが、神様はその様子を見て満足そうに頷いている、というのだった。

待てよ、ということは……。

「神様のメッセージを降ろしている占い師や霊媒師にすがってばかりの私は、辛くて苦しいだけの人生になってしまうのでは……」

恐る恐る聞いてみると、「そのとおりです！　よくわかりましたね！」と思いがけずとても褒められた。ちっともうれしくないのだが。

彼女曰く、霊媒師からのメッセージを実行すれば、宇宙の原理に沿った人生にはなるが、神様は人間の魂の成長を願っているので、幸せになるとは限らない、というのだ。

それを聞いた私は、頭を棒で殴られノックアウトされたような気分になってしまった。

これまでに自腹で１０００万円以上も払って、占いで神様のメッセージを聞いてきたというのに、ただ辛くて苦しい人生を歩むためのアドバイスを受けていたなんて……。

もはやこの世に神も仏もない。私こそ「神様、なぜ私をお見捨てになったのですか」と言いたい。

もちろん、占いの世界には、彼女と異なる主張をしている人がたくさんいる。私もさすがに受け入れきれないショッキングな説だったので、あくまで珍回答としておこう。

名回答 8
「地震予言は人に広めることで外れます」

占い業界には、未来に起こる地震や津波などの自然災害を予知できる人々がいる。

予知夢で「阪神・淡路大震災」や「地下鉄サリン事件」を的中したとされる、ブラジル在住のジュセリーノ・ダ・ルース氏が有名だが、日本にも有名な予言者はいる。

たとえば、昭和初期の画家、岡本天明氏だ。彼が自動書記によって記したとされる『日月《ひつき》神示《しんじ》』という書物には「東京大空襲」が予言されている。

ロマンあふれる予知能力だが、私自身は地震予知に散々に振り回された経験がある。ある占い師の男性は、「『東日本大震災』の次には『南海トラフ大地震』がくる」と予言しており、その日付を周囲の人々に知らせては、大混乱に陥らせていた。

だが、その予言はことごとく外れていた。私も「どうせまた外れるのだろう」と疑っていたが、「もしかしたら、今度こそ地震が起きるかもしれない！」と、わずかな可能性に怯《おび》えて、毎回実家までの飛行機のチケットを取っていた。

それだけで30万円以上の出費である。本当に腹立たしい。

しかも、彼は地震予知が外れても、まったく悪びれない。

「知っていますか？　地震予言は他の人に広めることで外れるんです。僕が事前に予知したおかげで地震は回避できたんですよ！」

宇宙の仕組みでは、予言は多くの人が知れば知るほど、現実に起こる確率が下がっていく。前述のジュセリーノ氏が、予知夢を見た後に世間に自分の予言を広めているのも、そのためだという。

「ノストラダムスの大予言」が外れたのも同じ原理。だから、地震予知が当たらないためにも、口コミやブログでどんどん広めるべき、というのだった。

確かに、それならば多くの地震予知が外れることの説明はつく。真理なのか、はたまた詐欺師の屁理屈なのか、私には判断できないが、彼が解説していた宇宙の仕組みは腑に落ちたので、名回答に認定しておきたい。

珍回答7

「あなたはもう二度と怒ってはいけません」

占い業界には、感情を手放すという教えがある。具体的に言うと、怒りや不安などのネガティブ感情を手放して、愛や感謝、光に変えていくというもので、簡単そうに聞こえるが、簡単ではない。

私はある占い師から、怒りを手放すよう強要されたことがあった。

当時付き合っていた彼氏に浮気されたとき、怒り狂い、相手のことを責め立てたのだが、そのことを占い師に相談すると、なぜか相手ではなく私が怒られた。

「誰よりも悪いのはあなたです！　怒りを我慢できなかったことを反省して、相手に土下座してでも謝りなさい」

その人の言い分はこうだ。

怒りというのは本来、人間にとって不要な感情であり、持っていてもなにひとつ役に立たない。だから、怒りの感情が沸き上がったら、すぐに手放してしまえばいい。ただそれだけで人生がハッピーに変わる。

そもそも、相手に対して怒りが沸くのは、自分の心のなかの「あんな奴が私のことをバカにして許せない！」というプライドに由来している。「自分のほうが相手より格上だ」という思い込みがあるから、怒りが沸いてくるのだ。

「プライドを持っていてなにか意味がありますか？　無用なプライドなら、いっそ捨ててしまいなさい。あなたはこれから、もう二度と、誰にも怒ってはいけません！」

こってり絞られた当時の私は、自分の精神的な未熟さを猛省し、「もう二度と誰にも怒るまい」と固く心に誓ったのだった。

だが、今なら反論できる。

あの占い師の言うとおり、プライドを持っていても意味がないというのは百歩譲って納得できるが、聖人ではない限り、人間として生きている以上、誰になにを言われても怒らないというのはできっこない。

実際、私は占い師に説教されてから、腹が立つことがあっても日々我慢に我慢を重ねていたら、ある日突如として怒りが頂点に達し、火山のように噴火してしまった。

「もうこれ以上、許してばかりいられるか！」

「我慢ばかりさせて、ふざけるんじゃない！」

心の雄叫びを声に出して、次々と周囲の人に不満をぶちまけてしまったのだ。

いつまでも仕事に必要な資料を寄越さない編集者には、朝の5時から鬼のように電話を入れて督促した。自分が関わった誌面の出来映えが気に入らなければ、担当の編集者に文句をぶつけ、ミスを指摘した。

電話越しにチクリチクリと嫌味を言いながら、私は「これが本来の自分の姿に違いない」と目が覚めた。

すると、私の変貌ぶりに周りの人たちも驚いたのだろう。ペコペコと米つきバッタのように丁寧な対応をするようになった。

それを見て私もますますいい気になり、「霊能者の言うことなんて聞かないで、怒ってよかった」と開き直った。やはり我慢は体に良くない。そんな経験を踏まえて、このアドバイスは珍回答に認定するとしよう。

第4章 本当にあった心霊体験

都内で起こった白蛇の怪（白蛇の夢編）

　これから始まる第4章では、私の身に実際に起こった霊能体験を、第1章に引き続き紹介していこう。


「はじめに」で述べたとおり、私は千駄ヶ谷の東京体育館の近くで、2メートルもの白蛇を見たのだが、その数日後、期せずして白蛇に関するバタフライ効果（ささいな出来事がだんだんと大きな現象になっていくこと）が起きた。

　当時の私は、気苦労が多い割に思うように稼げないことから、占い業界から足を洗おうか迷っていた。そんなタイミングで白蛇を見かけるという不思議な体験をしたので、居ても立ってもいられず、知人の霊能者のもとを訪れた。

　すると、思いがけない忠告をされた。

「白蛇というのは、弁天様のお使いです。なにかを思い出すようにメッセージを伝えているのではないでしょうか」

　その瞬間、6年前のある出来事が脳裏に蘇った。

私は生まれつき霊能力があるという、フリーランスの男性カメラマンの力に魅せられ、毎週のようにその人のもとを訪ねていた。

その人が私に向かってこう言ったのだ。

「君は芸術の神様の弁天様とご縁があるね。子どもの頃、お祖母さんと一緒に神社に参拝して気に入られた映像が見えたよ」

祖母とお参りに行った神社といえば、思いあたる限り、一社しかない。

それは「宗像大社（辺《へ》津《つ》宮《ぐう》）」という、福岡では有名な三女神を祀る神社だ。

本土から約60キロの玄海灘に浮かび、「神宿る島」として有名な沖ノ島の「沖《おき》津《つ》宮《ぐう》」と、約11キロ沖の大島にある「中《なか》津《つ》宮《ぐう》」とともに、２０１７年７月に「世界文化遺産」に登録されることが決まって話題となった。

日本最古の歴史書である『古事記』によると、三女神のうちのひとりである市杵島姫神《いちきしまひめのかみ》が、水の神であり弁天様であるらしい。

余談になるが、占い業界には他にも有名な姫がいる。日本全国の神社から名前を抹消されてしまったという謎の女神・瀬《せ》織津《おりつ》姫《ひめ》や、富士山に祀られている花のように美しい女神・木《この》花咲耶姫《はなのさくやひめ》などだ。

私の好きなハワイにも美しい女神様がいて、男性神より人気がある。ハワイ島のキラウエア火山に住む火の女神ペレや、マウナケア山に住む雪の女神ポリアフは、どちらも絶世の美女とされている。

話を戻そう。

白蛇が弁天様の使いであると指摘した霊能者は、さらにこんなことを教えてくれた。

「都内には『巳の日』だけ御開帳（仏堂の扉が開かれること）されて、弁天様のお顔を拝見できる神社があります。行ってみるといいですよ」

数日後、巳の日を調べ、いそいそとお参りに行ったのは言うまでもない。

霊能者が教えてくれた「巳の日」というのは、12日毎に巡ってくる十二支の1日。月に2～3日は参拝するチャンスがあることになる。

神社を訪れると、そこは境内の片隅にあるこぢんまりとしたお社《やしろ》で、想像よりはるかに地味だった。参拝客は誰もいない。御本殿は多くの人で賑わっているだけに、寂しさがいっそう際立つ。

「果たして、こんな場所にご利益があるのだろうか……」

失礼かもしれないが、それほど忘れ去られた感のあるお社であった。

ところが、弁天堂に参拝した日の夜、不思議な夢を見た。白蛇がウジャウジャとたくさん出てくる夢で、私は神社にいた白蛇を追いかけ、次々と殺していた。そして、「白蛇を殺したことが村人にバレたら殺されてしまう」と恐怖に駆られる。

　村人はひとりも登場していないのだから、今となっては「村人って誰？」と思うのだが、露見を怖れた私は、夢のなかで証拠隠滅を図る。左腕の肘にかけた大きなビニール袋に、白蛇の死骸がいっぱいに詰まっているのだが、そこに右手を突っ込み、わしづかみにすると、ムシャムシャと食べてしまうのだった。

　そして翌朝、目が覚めると口のなかに血生臭い味が残っているではないか。

「こんな不吉な夢を見るなんて、悪いことが起こる暗示ではないか」

　以来、蛇の鱗を思い出し、好きだった鮭の皮も食べられない。これは夢占いの力を借りるしかない。業界から身を引こうと思っていたのに、足は勝手に占い師のもとへ向いていた。

　私が夢について訊ねると、予想に反した答えが返ってきた。

「白蛇は金運アップのシンボルのなかでも最強です。その蛇を捕まえ、殺して、食べる。三拍子揃った夢は億万長者の暗示です。これから大金持ちになります」

　占い師は大興奮していた。

　私もつられて興奮し、占い業界から足を洗おうという考えは吹き飛んだ。

　むしろ、この弁天様にまつわる不思議な体験のおかげで「もう占いから永久に抜け出せない」と確信した。

問題は、私が大金持ちになる気配がないことだ。

そろそろ実現してもいい頃ではないかと思っている。

チャクラをこじ開けて起こった恐怖の体験

私に霊能力はないが、怖ろしい心霊体験をしたことが、人生で一度だけある。

事件は、第1章で登場したサイキック少女、W子のヒーリングを受けたときに起こった。

前述したように、彼女は私の額の真ん中に位置する第六チャクラ（第三の眼）を無理にこじ開けた。ここは霊的な場所で、開けると通常では目に見えないものが見えると言われている。

第三の眼を開かれると、その瞬間から普段の自分とは違う感触があった。

具体的には、直感がよく働いた。その日、W子は「夫のいるイギリスにそろそろ戻る」と話していたのだが、その様子を見て「本当は行きたくないのだ」と確信した。

「本心はイギリスに行きたくないんじゃないの」

私が指摘すると、W子は重い口を開いた。

「実は、イギリスに行くのが憂鬱なんです」

W子は英語が話せるが、そこまで流暢ではないため、イギリスに行くと揚げ足を取られ、バカにされる。W子は幼少期からいじめに遭いやすかったそうだが、それがイギリスでも続いているのだという。

話を聞いているうちに、私に次なる異変が起きた。精神が宇宙と繋がるチャネリングだ。どういうわけだか、口が勝手にペラペラと動き出し、止まらなくなってしまったのだ。

「イギリスに行くことを怖がる必要なんてない。これは、あなたの魂の使命。言葉の間違いを指摘する人もいた。けれど、そのレッスンはもう終了したから、またイギリスに行けばいい人に会えることになっている。年配の女性。上品な感じ。白髪のマダム。あなたを孫のようにかわいがってくれる」

話しているときの感覚は未知の言語を話しているようで、口が動きながら脳裏には白髪の女性の姿の映像が浮かんでいた。映像が浮かぶのと同時にしゃべり出す感覚で、頭で考える余裕はまるでない。まるで誰かに操られているようだった。

「真理子さん、チャネリングしてるの？」

急に怒濤《どとう》のようにしゃべり出した私を見て、W子は言った。

普段からチャネリングをしているW子は、目の前でペラペラと口が止まらない私が、どこか別の次元と繋がっていることをすぐに理解してくれた。一般人の友人であれば、ドン引きする状況だが、W子は仲間ができた、と大喜び。

「今の言葉は『イギリスに行きなさい』という宇宙からの後押しです！」

W子は柄にもなくハグを求めてきたのだった。私たちは、普段はあまりベタベタした関係ではなかったので、どこか恥じらいを残す抱擁となった。

これでW子は心置きなくイギリスに行ける。めでたし、めでたし……。


ところが、その日の深夜、自宅のベッドで眠りに就いた私に、第三の異変が起きた。

どこからか誰かがドタバタと走り回る足音がする。

「こんな時間にいったい誰？」

なぜか目を開こうとしても開けられないので耳を済ますと、うるさい足音は、マンションの上階からではなく明らかに自分の周りから生じていた。

「これは人間の足音じゃない。心霊現象だ！」

そう気がつき、しばらくじっとしていると（目が開かないのでじっとしていることしかできない）、いつの間にか足音は止み、目も開いた。なぜ自分は霊感がないのに、幽霊の足音が聞こえたのだろう。

「W子に第六チャクラを開かれたせいだ！」

原因はこれしかない。

新たな力に目覚めるのは喜ばしいことばかりではない。こんな風に、日々心霊現象に悩まされたり、異界の生物を見ることになる。私は昔から、ホラー映画を直視できないほどの怖がりなのだ。

困った私は、自分の意識によって自発的に第六チャクラを閉じることにした。

長年、占い師のテクニックを間近で見ているので、やり方は人に教わらなくてもなんとなくわかった。「第六チャクラが閉じた」というイメージを頭にはっきりと描けばいいのだ。意識を集中することで、第六チャクラが開いたという現実を変えられるはずだ。

果たして狙いどおり、その後に心霊現象が起こることは二度となかったが、今になってみると惜しいことをした気もする。サイキック少女・W子を狂喜させるほどの見事なチャネリング技術があれば、売れっ子占い師になってお金持ちになれたかもしれない。

老後にお金に困ったら、自分で第六チャクラを再び開き、都内に占いカフェでも開くことを検討しよう。

想念がもたらすミステリー体験

次に紹介するのは、SF映画でよく登場するテレパシーを、身をもって体感した経験だ。

ある日、道を歩いていると、さる外国人霊能者の顔が、明確なビジョンとして頭に浮かんだ。

彼とは知り合いだったので「もしや、彼の身になにかあったのかもしれない」と心配していると、それから3分も経たないうちに、その人からメールが届いた。

メールの内容はただの近況報告だったが、確認してみると向こうもメールを送る前に私の顔を思い浮かべていたという。さらに彼は、テレパシーを送るトレーニングをしているというではないか。

私がある霊能者に聞いた話では、テレパシーを送る側の想念が強いと、能力のない人でもレシーバーとなってビジョンが見えたり、声が聞こえたりすると言っていた。

私にテレパシーを送ってきた霊能者は、日本には滅多に来日しない大物で、普段は大自然のなかで暮らし、滝に打たれて修行をしているくらいだから、桁外れに想念が強かったのだろう。

そんな彼が珍しく来日したので、せっかくだからと知り合いの霊能者に紹介した。すると、彼を見るなり仰天して叫んだ。

「エネルギー波動が信じられないほど強い人です。大地がビリビリと揺れているのがわかります。今、大地が彼を支えていること自体、信じられない！」

大地が支えられるかどうかの人物とは？

これまで聞いたこともない人物評価に、私がビリビリした。

また、こんなこともあった。

ある霊能者に仕事でインタビューをしたときのこと。取材対象は、占いを始めてまだ1年という新米だった。第一印象は胡散臭く、それほど能力が高いとは思えなかった。

インタビュー中も、自己顕示欲の強さを見せつけてくる。

「東日本大震災をブログで予言して当たりましたが、みんなを混乱させてしまったので反省しています……。これからは霊能力を地球の未来のために役立てようと思います」

世間を混乱させるほど、あなたのブログは読まれていないですよ！　と心の中でツッコミを入れた。さらにはこんな発言も。

「法学部卒なので法律資格を持っていますが、それでお金儲けしようとは思いません」

と大げさに言うので弁護士かと思えば、行政書士だというのでシラケてしまった。

彼は占いを始めて1年というアマチュアの割には、高額なセッション料金を設定していた。霊視と先祖供養をセットで数十万円という価格設定である。しかもその正当性を、大して読者がいないであろうブログでクドクドと綴《つづ》っていた。

だが、これも仕事なので、インタビューをすれば気に食わない相手でも記事にしなければならない。

その日の晩。自宅で原稿をまとめていると、後ろからじっと見つめられているような感覚があった。もちろん振り返っても誰もいない。

だが、再びパソコンに向かうと、また後ろから刺すような視線。振り返ってみるが、やはりそこに人はいない。背後にはクローゼットがあるだけで、私が座る椅子との隙間はわずか30センチ。人が隠れるようなスペースはない。

にもかかわらず、原稿を書いている間、覗き込まれるような視線を感じては振り返る、ということを繰り返した。

後日、気味が悪くなったので、件《くだん》のアマチュア霊能者とのインタビューに同席していた女性霊能者（この人はまともな人に思われた）と会ったときに、家で感じた視線について話してみた。

「それは、きっと彼が見に行ったんじゃないかな。インタビュー後に、どんな記事を書かれるか、気にしていたから……」

思いもよらぬ指摘にゾッとしてしまった。見た目もまったく好感が持てなかったので、思わず「ストーカーみたいで気持ち悪い……」と、心の声が口から出てしまった。

もうひとり、私のもとへ想念を飛ばしてきた霊能者、I氏の話をしよう。

私がサイキック少女のW子とあるイベントに参加して、そのI氏の講演を聞いていると、たまたま隣の席に座っていた男性が突然、話しかけてきた。

「君は今後、I氏と縁がありますよ」

そして、講演後のサイン会の列に並ぶよう勧められた。

I氏はこの業界の著名人だったが、本音を言えば彼の話は真面目すぎてあまり興味がなかった。だから彼の本を買ってまで、サインをもらう列に並ぶのは気が進まない。

すると、その男性は初対面の私にポンと1500円の現金を手渡した。

「僕が本を買ってあげるから、I氏のサインをもらってきなさい。ついでにインタビューの約束もするんだよ」

風のように去っていった男性の行動があまりにも意味不明で、ポカンとする私。すると、その光景を見ていたW子が、キレの良い解説を始めた。

「あの男性は自覚がないままチャネリングしていますね。なにかのきっかけで宇宙からメッセージが降りてきて、口から垂れ流している、まさにそんな感じ！」

つまり、私とI氏に縁があるというのは、宇宙から降ろされたメッセージだという。

渋々サインをもらったものの、インタビューの約束まではしなかった。

だが、その日の帰り道、事件は起きた。

JR山手線に乗っていると、私の後ろに立っているI氏の姿が、電車の窓ガラスに映っていたのだ。

「同じ方向の電車に乗っていたなんて、偶然!」

声をかけようと後ろを振り返ったが、I氏の姿はもうなかった。人違いをしたのかと思ったが、そもそも人がいなかった。窓ガラスには、確かにI氏の姿が映っていたのに……。

その翌日のこと。とある出版社からメールがあり、「I氏の本を書かないか」と依頼を受けたのだ。

驚いた! あの謎の男性が言ったとおり、I氏とは縁があったのだ。

ただ、不思議なことにI氏とはサイン会で会っただけだ。仕事の約束などしていない。なぜ一度挨拶しただけのライターを指名してきたのだろう。ひょっとして、電車で私の背後に現れたのは、想念を使って私の人となりを見極める偵察だったのか。

もしそうだとしても、こちらのストーカー行為は嫌な感じはしない。彼は前述のアマチュア霊能者と違って、イケメンだったからだ……。

我ながら不公平だが、それでもやっぱり見た目の好みは重要だと確認できた一件だった。

死してなお発信力のある人物

私がライターとして駆け出しの頃、占い業界の大御所、J氏を取材したことがある。彼は世界的に有名で熱狂的なファンも多いが、国内ではなぜか評判が悪く、取材前にインターネットでJ氏の名前を検索したところ、検索候補の上位に「詐欺師」と出てきたのでゾッとしてしまった。

噂によれば、彼の事務所は多額の負債を抱えているらしい。

実は、私は占い専門のライターとして活動を始めてから、インターネット上で「詐欺師」「嘘つき」「変人」「トンデモ」と叩かれている人物の取材が続いていた。「噂は噂！」と気にせず会うと、嘘つきな上に厚顔無恥、トンデモな上にわがまま、という具合で「この業界には変人しかいないのか……」とガッカリしていた。

今度もその類いかと、足取りも重く取材先に向かった。

ところが、J氏に会ってみると、とても親切で常識人だ。なおかつ紳士的で、駆け出しの私にもわかりやすい言葉を選んで話してくれた。事務所のスタッフも皆フレンドリーで、とても好感を持った。取材は無事に終わったので、彼のことは記憶からだんだんと消えていった。

それから2年後。

J氏とは一度も会っていなかったが、インターネットで病気により急逝したというニュースを偶然見かけた。関係者によれば、彼は占い業界で30年以上も活躍していた大御所だけあって、青山で開かれた葬儀には、各界関係者が続々と参列し、海外から大物ゲストも駆けつけたようだった。

私は一度取材したきりだったので、葬儀には参列しなかったが、それからというもの、なぜかJ氏の関係者と出くわす機会がどっと増えた。

占いイベントに行くと、たびたびJ氏の事務所スタッフたちと会い、一緒に飲みに行くことに。取材先ではJ氏の秘書をしていた女性と何度も会った。さらに、「知る人ぞ知る」と言われる山奥の秘境にある神社で、偶然J氏の事務所スタッフたちと出会ったのには驚いた。

YouTubeで海外の人気霊能者のインタビュー映像を見ていると、こんなことを語りだす。

「J氏に憧れてこの道に入りました」

一見、J氏と無関係と思える人物と話をしていても、「先日、J氏の事務所に遊びに行ってきましてね……」。

連日続く偶然を不思議に思ったものの、彼が業界で名前の通った大御所だったということもあり、それ以上深くは考えなかった。

ところがある日、このシンクロの謎が解けることになった。ある霊能者の本を書くためにインタビューをしていたときのこと。本の表紙のデザインができあがると、中心にはJ氏がロゴマークとして使っていた曼荼羅がドーンと描かれていた。

本の著者にJ氏との関わりについて訊ねると、彼は脈絡なくこんなことを言い始めた。

「Jさんなら、昨晩、僕の家にふらりとやってきて、真理子さんによろしく伝えてくれと言ってましたよ」

まさか！

J氏が私に、あの世からメッセージを送っているというのだ……ホントだろうか？

でも、私の身に起きた数々の偶然も、これで納得がいった。

それにしても、彼は一度しか会っていない私に、いったいなにを伝えたいのだろうか。

気になった私が別の霊能者に訊ねたところ、「J氏は今、こと座α星のベガにいますよ」と居場所を言うだけで、チャネリングはできなかった。

仕方がない。「言いたいことがあるなら、いつの日かメッセージを受け取るだろう」と、忙しさにかまけて放っておいている。

ある日忽然と消えたシャーマンの謎

皆さんはシャーマンをご存じだろうか。

日本で言えば、口寄せをするイタコのような職業で、自分自身に死者の霊を招き寄せ、未来についての予言や、人の病気を治したりする人のことだ。

イタコと少し異なるのは、シャーマンは野原で焚き火をして、笛や太鼓などを演奏しながら儀式を行う。なので、人の霊よりも強い自然霊（精霊など、自然に宿る霊のこと）が降霊する。

日本でも太古の昔から当たり前に行われている儀式だったが、現代では不治の病にかかったときなどに、最後にすがるものに変わっている。

私が日本で知り合ったシャーマン、K君もそんな力強いパワーの持ち主だった。

ある知人のもとを訪ねたとき、たまたま私とK君がダブルブッキングされていたことがきっかけで知り合ったのだが、彼の経歴を聞いて驚いた。

30代のK君は日本人だが、両親の仕事の関係で20歳までフィリピンで暮らし、同居していた祖母に育てられた。祖母は霊能力を持っていたらしく、まだ幼い頃、心霊手術を行う祖母の姿を間近で見ていたという。

心霊手術は精神世界のなかでも超マニアックと言える分野で、素手で目玉や心臓を取り出し、悪い血液を取り除いてから元の位置に戻すというオカルト療法だ。いつかかかってみたいと思っているが、私があるフィリピン人に聞くと、現地でも心霊手術はオカルトと位置づけられており、一般人からは敬遠されているという。

「フィリピンで心霊手術を行う祖母に育てられたら……普通の人生は無理だろうな」

腹のなかで思っていたら、なんとK君は金融系のエリートサラリーマンだった。

その一方で、彼はこのときすでに、南アメリカ大陸のシャーマンからエネルギー伝授を受けていた。

いきさつはこうだ。シャーマニズムを学ぶため、南アメリカ大陸のアンデス山脈を訪れたとき、現地に暮らしている少数民族の「R族」と偶然出会い、族長と師弟関係になった。

長い修行の締めくくりにエネルギー伝授を受けた瞬間のことを、K君は眉間に皺《しわ》を寄せながらこう語った。

「あれはすごかったよ。全身にビリビリ〜ッと雷が落ちたような感覚が走って、死を覚悟したぐらいだ」

R族のエネルギー伝授は額と額をくっつけて行われる。

第三の眼となる第六チャクラを通じて、エネルギー交換を行っているのだろう。

外国で現地の人から霊的テクニックを学んだという日本人は大勢いるが、R族からエネルギー伝授を受けたという人は、K君の他に聞いたことがない。そもそも、アンデス山脈の麓にR族が住んでいることすら、インターネットで検索しても確認できない。

もしかするとK君は、世界に存在を知られていない少数民族からエネルギーを伝授された唯一の人かもしれないのだ！

私はミステリアスなK君の霊的施術を受けたくてたまらなくなり「会って施術して欲しい」という内容のメールを送った。ところが、メールは宛先不明で戻ってきてしまった。

「もしや……」

すぐさまインターネットで調べてみると、K君のホームページやブログ、R族のエネルギー伝授についてK君自身が語っているYouTubeの動画も消えている。彼の痕跡を示すものがきれいさっぱり消されているのである。

いったいK君の身になにがあったというのだろうか？

心当たりはある。K君と最後に会った新宿3丁目のチェーン居酒屋で、彼は「ある秘密結社に興味を持っている」と話していた。

精神世界には、「陰謀論」と呼ばれる分野がある。

地球上で起こっているすべての事柄は、秘密結社に属しているごく一部の人間によってコントロールされており、最終的には彼らが新秩序を打ち立て、人類の9割を奴隷として支配しようとしている——という世界観である。

「ホンマでっか？」な話だが、K君はその秘密結社を内部から崩壊させれば、地球の未来はより良い方向に変わると話していた。

「自分の使命に気づいたからには、身に危険が迫ってもやり遂げなければならない」

「……気は確かですか」

そのときの私は内心そう思ったが、のちのK君の身になにかがあったことは確かだ。

この話には続きがある。

海外には、FBIの事件捜査に遠隔透視（千里眼）で協力している大物霊能者がいる。お金さえ出せば一般人でも見てもらえるのだが、私はあまりに気になったので、自分の未来を見てもらうついでに、残りの5分間でK君の安否確認をしてもらった。彼の鑑定はこうだ。

「まだ生きていますよ。日本にいるエネルギーを感じないので、海外で暮らしているのでしょう」

K君と無事に再会できる日を願ってやまない。

エネルギー降ろしで起こった現象

専門用語で、子ども時代に負い、大人になっても癒やされない心の傷のことを「トラウマ」や「インナーチャイルド」と言う。

自分は幼少期のトラウマなどないと思っていた。というより、トラウマとは性犯罪に遭ったり、身内を殺されたり、親から虐待を受けたりした不幸な人だけが持っているものだと思っていた。

私は平凡な生まれ・育ちである。

しかし、あるエネルギーワークを受けたところ、私にも自覚なきトラウマがあることがわかり、その解消を体験できたので、皆さんにご紹介しよう。

雑誌の取材で、「エネルギー降ろし」ができるというY氏のワークショップを見に行ったときのこと。

私は朝から機嫌が悪かった。原因はこれから会うY氏である。彼は仕事で都合が悪くなるたびに「今はお腹が痛いから」と子どもみたいな仮病を使って誤魔化し、私を窮地に陥れてきた。

「あの嘘つきめ！」

心のなかで悪態をつきながら、取材のために会場に入った。

現れたY氏は、笑顔で私を出迎える。日頃の自分の行いに悪びれる様子はない。なんだかこちらが悪いことをしたような気分になりつつ、並べてある安物のパイプ椅子に腰を下ろした。

会場では、Y氏のエネルギーワークの目玉イベント、エネルギー降ろしがちょうど始まるタイミングだ。Y氏はこんな宣言をした。

「今日は雑誌の取材なので、サービスで波動のいいエネルギーをどんどん降ろしていきます。エネルギーの注入で気の流れが良くなりますから、後でいろいろと面白い変化が起こりますよ。楽しみにしてくださいい！」

その台詞《せりふ》を聞いて、私はガッシリと両腕両足を組んだ。

「フン、どうせ上手くいかなくて、途中でお腹が痛くなるんじゃないの。嘘つきのエネルギーなんて体に入れてなるものか」

私が両腕両足を組んだのは、もちろん理由があってのこと。

エネルギーワークを受ける際には、受け手側の姿勢も大切だ。手足を組めば、それがエネルギーの流れの妨げになって、体にすんなりと入ってこなくなる。逆に言えば、受容するなら、両足を肩幅程度に軽く開き、手のひらは上に向けた状態で、太腿の上に乗せればいい。

私の態度を見たY氏は、さすがに怒っていることに気づいたようだが、目線を会場の参加者に戻すと、何事もなかったようにエネルギーワークを続けた。

「さあ、アトランティスのエネルギーを降ろしていきましょう」

アトランティスとは、海に沈んだ古代大陸のことだ。アトランティスの他にも、ムー、レムリアなどの幻の大陸が実在したと言われている。

現代の地球人よりも、はるかに精神世界を活用していたと言われるアトランティス人。その叡智《えいち》を東京の雑居ビルの一室に降臨させるとY氏は言うのだった。

「海に沈んだ大陸のエネルギーを降ろして気の流れが良くなる、なんておかしい」

腹を立てていた私は、心のなかでY氏の粗探しをしていた。

ところが、Y氏がエネルギーを降ろした瞬間、確かに私の体のなかにも入ってきた。全身に温かいものが、静かにスッと走ったのだ。自然に入ってくるのは、エネルギーが良い波動を持っている証拠だ。

「奴にエネルギー降ろしができるはずはない。きっとなにかの間違い！」

自分に言い聞かせても、Y氏がエネルギーを降ろすたびに体はどんどん温かくなっていく。

これは気のせいではない。Y氏は鼻持ちならない嘘つきだが、彼が異次元と繋がっていることは間違いないようだった。私の体に流れ込んでくるエネルギーが、その事実を証明していた。

「完敗だ」

なぜか敗北感を感じながら、私はフラフラとワークショップの会場を後にした。

その帰り道で、私に追い打ちをかけるようにさらなる癒やしが起こった。電車に乗っているとき、トラウマ解消の際によく起こると言われる、記憶の追体験が始まったのだ。

思い出したのは幼少時代。私は無口で大人しい子どもだったので、自分から人に話しかけることはほぼなかった。そのため、親戚から「あの子は大丈夫なのか？」とかなり心配されていた。

その後、父親の仕事の都合で、幼稚園を2回、小学校を3回変わった。新しい場所で友人を作るために、自分から勇気を出して相手に話しかけることを覚えた。今の私を見て、対人関係を心配する人はいない。

「あの体験は大人になって、ライターとして生きるために必要なステップだった」

「初対面の人にも臆せずインタビューできるのは、子ども時代の体験があったからだ」

そう思うと、何度も転校して体験した友だちとの別れや、転校生に対する心ないいじめも（もちろんいじめはあってはならないことだが）、自分には必要な学びだったと納得することができる。

心の傷がじわりと癒やされていった。

私がこの体験によって感じたのは、トラウマやインナーチャイルドというのは、抱えている本人に自覚がなくても、潜在意識の奥に根深く残っている場合もあるということだ。

つまり、霊的な力を用いなければ、その存在に気がつくことも、解消することもできなかった。

「自分にトラウマなんかあるはずない」と思う人も、一度体験してみるといい。

抑圧されていた精神が解放され、人生が変わるきっかけになる。エネルギーには確かに変化を起こす力があるのだ。

局部マッサージで運気が全開に！

占いセミナーを一度でも受けたが最後、実に様々な方法で他のセミナーの勧誘がやってくる。向こうも商売なので、会員向けのダイレクトメールや会報誌、メールマガジンを続々と送ってくるのだが、その内容はというと、「どうしたらこんな嘘が書けるんだろうか」と呆れるほどの誇大広告ばかり。

一度や二度セミナーを受けたくらいで、借金まみれから大金持ちになる人が続出するわけがなかろう。と言いつつ、私自身、たった一度セッションを受けただけで瞬間的に運気が上昇したことがある。私の「占い難民」人生のなかでも、かなり特殊なセッションなので紹介しよう。

「タイにあるリゾートホテルGで、あのヒーリングマッサージ『M法』（仮称）が格安で受けられます！」

このインターネット広告を見た当時、私は日常に新しい刺激を求めていた。

「このまま一生独身でいるぐらいなら、むしろ思い切り海外で遊んで人生を謳歌したい！」

そんな気分に、「日本の3分の1程度の格安料金で、ホテル滞在中にいろいろなヒーリングが受けられます」という広告コピーが突き刺さったのだ。

「これは行くしかない！」

居ても立ってもいられず、M法なるマッサージについて下調べもせず、有り金を握りしめて飛行機で微笑みの国・タイへと旅立った。

夜の8時過ぎ、現地の送迎バスで空港から40分ほどかけて、大自然のなかのリゾートホテルGに到着すると、ホテルはすでに真っ暗だった。それでも翌日の施術を予約しようと、暗闇のなかを手探りで受付へ歩いて行くと、受付の女性は「こんな時間になにをしに来た？」と言わんばかりの横柄な態度。それでも私はひるまずに拙い英語で、「ホテルで最も霊性の高い施術を受けたい」とダイレクトに伝えた。

すると、ホテルに訪れた旅行客が必ず受けるM法というマッサージを勧められた。それがなにに効くのか訊ねると、受付の女性は面倒臭そうにチラシを渡してきた。

読んでみると要するに、「デトックス、便秘、生理不順」とのことだった。

「なんだ〜。それだけか……」

ガッカリしたが、ひとまず翌日の昼に施術の予約を入れた。

ところが翌朝、朝食を食べにレストランへ行くと、M法の施術を受けたという自称・元医師の中国系老婆（推定年齢79歳）と出会い、その効果について耳よりな情報を得ることができた。老婆が熱く語る。

M法は表向き「デトックス」と謳《うた》っているが、実際にはエネルギーアップに効果がある。

特に、金運、男運、仕事運の運気が上がりやすくなる。人生が好転した体験者の噂が広まり、世界中から客が来ている。

「あんなにすごいマッサージは生まれて初めて。とても忘れられない。滞在中にもう一度受けたい」

老婆とはいえ、相手は自称・元医師である。

医学的にも効果があるに違いない、と期待に胸が躍った。

施術室へ向かうと、セラピストの女性から裸になってベッドに横たわるよう指示された。言われたとおりにすると、下半身にタオルがかけられ、素手で腹部マッサージが始まった。気持ちが良くてついウトウトと居眠りしかけると、セラピストの女性がカタコトの英語で話しかけてきた。

「これから下半身のマッサージをするけど、トイレ行かなくてダイジョウブ？」

なぜ、施術中にトイレの心配を？　いぶかしみながらも「大丈夫です」と告げると、女性は手にゴム手袋をつけて、なにやらガサゴソと準備し始めた。

そして次の瞬間、私の両脚の上にヒラリと馬乗りにまたがると、下半身のタオルを取り払った。局部が女性に丸見えだ。

「今からなにをするのだろう」

これはマッサージを受けてわかったことだが、M法というのは膣内から子宮にかけて刺激を与えるマッサージ方法だったのだ……。男性の場合は、睾丸《こうがん》を摑んで揉んだり引っ張ったり、かなり荒っぽい手法でマッサージを行うらしい。

私はゴム手袋を付けた指を体内に突っ込まれ、グチャグチャと練りまわされたのだった。

「タイにまで来て、いったいなにをやっているんだか……」

運気を上げてくれるはずのマッサージなのに、虚《むな》しさが募っていく。

病院のベッドの上で看護師からお尻に管を付けられ、下の世話をされているような気持ちになったが、推定年齢79歳の老婆はM法を絶賛していた。ということは、老婆も同じベッドで施術を受けたのだろうか。あまり想像したくない。

ただし、ここで読者の皆さんに思い出してもらいたいのは、女性の子宮は宇宙の神秘と繋がっているということだ（105ページ参照）。

M法の創設者も、「男女問わず性器には、カルマやトラウマなどマイナスエネルギーが溜まっている。だから、その部分に刺激を与えると、気の流れを遮っているブロックが取れる」と言う。その言葉どおり、マッサージを受けた日の夜、仕事運に対するブロックがM法によって取り払われたのか、かつてないほど大量の仕事依頼メールが届いたのだ。

「なにかの間違いでは⁉」

なかには、何度しつこくお願いをしても、仕事をくれなかった編集者の名前もあった。

「普段は仕事をくれないくせに、どうして旅行中に限って……」

逆恨みをしそうになったが、タイ旅行で散財したおかげで貯金残高が底を尽きかけていたので、気持ちを切り替えて快く仕事を引き受けた。

すると、あら不思議。筆が面白いように走り、あっという間に原稿が仕上がったではないか。結局、タイに滞在した5日間で、旅行費用の全額を取り戻せたのだった。

また、現地に10年間住んでいるという日本人一家と意気投合し、町に連れて行ってもらったり、家で夕飯をご馳走してもらったりと、実に旅らしい旅を楽しむことができた。

「海外でこんな体験ができるなんて、めちゃくちゃツイてる！　このまま運気が上がりっぱなしになったらどうしよう。もし、宝くじを買って大金持ちになったらどうしよう」

調子に乗った私は、帰路の飛行機でそんな妄想に耽《ふけ》った。

それほど運気が上がり調子で、下降する気配もなかったのだ。ただし、その効果はもちろん永遠ではなかった。東京に戻り、満員電車でギュウギュウ詰めになったとき、「M法マッサージの効果は終わった……」と実感した。

もちろん宝くじを買うのは止めたので、大金持ちにはなっていない。

おそらく、永遠に効果が持続するテクニックなど、この世には存在しない。それさえ肝に銘じていれば、タイでM法マッサージを受けるのもいいだろう。

沖縄で起きた恐怖の心霊体験！

パワースポット巡りと占いは、切っても切れない関係性を持っている。占い師に相談に行くと、なにかにつけ「○○神社へお参りに行きなさい」と言われるからだ。

私自身、沖縄に当たる霊能者がいるという噂を聞きつけ、成田から格安LCCに乗って鑑定を受けに行ったとき、こんなアドバイスを受けた。

「旅行中、L島に行って神社でお参りしてきなさい。運気が120パーセント上がります」

L島は那覇市内から車で行ける、陸続きの島だ。沖縄随一のパワースポットとして知られる真栄田岬の「青の洞窟」や、世界文化遺産の「斎場《せーふあう》御嶽《たき》」に比べると知名度は劣るが、マニアの間では知る人ぞ知るパワースポットとして有名だ。

那覇市から路線バスに乗ること約3時間。まだ朝のうちにL島へ到着すると、すさまじい暴風雨が吹き荒れていた。あまりに強い雨風で、前に進むことさえできない。息が止まりそうだ。

L島は晴れた日なら一周2時間ほどで歩ける小さな島だが、その日は天候が大荒れだったため、目的地の神社まで1・5キロほどの道のりが、果てしなく遠く感じられた。

「もしかして、この島の神様に歓迎されていないのでは……」

嫌な予感が頭をよぎったが、ここまで来たからには神社を参拝して元を取らなければ。持ち前の占い難民根性で、大雨のなかを歩き続けた。

予想外のハプニングが起きたのは、島内の名所を2〜3ヶ所巡り終えて、そろそろ帰ろうかと思っていたとき。

「帰りのバス停はいったいどこにあるんだろう」

バス停の位置は下調べをしておいたのだが、あるべき場所にバス停がない。行きに降りたバス停まで戻るのも遠いから面倒だ。

そこで島に1軒だけある大きなレストランに入って道を訊ねたが、愛想のない女性店員は、ボソボソと小声で聞き取りにくい。しかも、教えてもらった場所に行っても、バス停はなかった……。

こうなったら、道行く人に聞こうと思ったが、住居はたくさんあるのに住人の姿はひとりも見当たらない。

それがまたB級ホラー映画のようで、「この島から一生出られないのでは」と、妄想をたくましくして身震いしてしまった。

なんとか、自力でバス停を見つけ島外に出られたが、早朝7時にはホテルを出たはずなのに、帰る頃にはすでに日が暮れようとしていた。

この恐怖体験を、東京に戻ってから占い業界の関係者に向けてSNSで発信したところ、連絡が入った。

「L島での出来事について詳しく聞きたい」

問い合わせしてきた人物は、出版社Uに勤務している占い師のT美。出版社と占いのWワークをしているという風変わりな人物だ。

生まれつき霊能力があったというT美は、聖地巡礼のために沖縄に移住していたが、L島に行ったことがきっかけで東京にUターンしたと言うではないか。

「あんな恐ろしい島、もう二度と行きません！」

会うなりT美はいきなり核心を突いてきた。

その話はこうだ。

T美がL島に行くと、地縛霊に近い低級霊が自分の後をつけていることに気づいた。慌てて島を離れたが、それでも低級霊は後を追ってくる。T美はそれから那覇市内を散々に逃げ回った。立ち止まったら取り憑《つ》かれてしまうので、飲まず食わず、トイレさえも我慢して2日間ずっと動き続けたのだ。

「あのとき、低級霊に取り憑りつかれていたら、私の魂の使命は奪われていました。今思い出しても震えが止まりません！」

占いの世界に詳しくない人なら、「バカじゃないの？」と一笑に付すような話だが、これは笑い事ではない。低級霊は五次元以上の聖なる存在とは違って、邪悪さしか持ち合わせていない。

だから、人の魂が持っている宇宙的使命という〝眩《まぶ》しい光〟を見ると、嫉妬して奪い去ろうとするのだ。T美が那覇市内を逃げ回ったのには、ちゃんとした理由があった。

T美の話を聞いて、私も「もしかして憑いちゃってる？」と不安に思ったのは言うまでもない。するとちょうどその瞬間、ヒーリングの得意な知人から携帯に連絡が入った。

「真理子さんが取り憑かれているとの情報が五次元から入りました。僕が除霊してあげましょう」

ただの偶然では片付けられないシンクロニシティだ。不安に思っただけで、救いの手が現れるとは。まさに宇宙の神秘！

知人からは後日、ちゃっかり除霊代の7000円を徴収されたが、聖地にも低級霊がいる場合もあると勉強になった。天候が大荒れ、地元民が人っ子ひとり見当たらないなど、ただならぬ雰囲気を感じたらすぐに撤退することを肝に銘じたい。

4 時間、踊り狂わされた話

人類の究極のゴールは悟り（意識覚醒）だ。精神世界に足を踏み入れた以上、これを目指さざるを得ない。

知人の霊能者にも「悟りを得た」と証言している人物が数名いるので、悟ったことでどうなったのか、訊ねたことがある。

「覚醒の瞬間が終わって三次元世界に戻ると、この世のすべてが虚しくなり、死にたいと思った」

「地球に生きているだけで愛にあふれていることに気がついた」

「神の国には幸せしかないのに地球は苦しみばかりで地獄」

「別になんとも思わなかった」

このように、悟りを開いた後の気分は様々だった。

しかし、悟りとはなにかという本質については、共通した認識があった。「あらゆる生物、物質、時間も空間も含め、すべてもともとはひとつであったこと」を細胞レベルで実感することにあるというのだ。

悟りの定義がもし前述のとおりであるならば、私にも似たような経験がある。

自分では半覚醒と呼んでいる、中途半端なものだが、ある雑誌の取材で参加した「α」というダンスセミナーがきっかけで起きた。

αの創始者は、K嬢という南アメリカ出身のセラピストだ。彼女は世界各国を旅しながら、自己啓発的なセラピーダンスを教えて30年以上になるという。

年齢は非公開で、経歴を見る限り50代半ばを確実に過ぎているが、見た目は40代前半。俗に言う〝美魔女〟だ。体の中心から、エネルギーがボルテックス状（渦巻き状）に湧き上がっているのが素人目にもわかる。

私はαの取材へ行くのが、朝から嫌で嫌でしょうがなかった。

理由は単純で、人前でダンスを踊るのが恥ずかしいからだ。

しかも、普段仕事で関わっている編集者やカメラマンの前で踊るなんて、ありえない！

それだけではない。事前調査により、K嬢の教えているダンスの振り付けは、かなり激しいという情報も入手していた。だが、報酬を得るには任務を全うするしかない。

いざダンスを始めてみると、その情報が真実だとすぐにわかった。

「アフリカの情熱」や「愛の嘆きと絶望」、そんなタイトルがぴったり当てはまりそうな振り付けなのだ。さらに、他の参加者はダンストレーナーの有資格者ばかり。

みんなダンスに真剣なので、アフリカの情熱を全身全霊で表現しなければ、私は完全に周囲から孤立し、浮いてしまう。

「どうしたらいいんだ……」

崖っぷちに追い込まれた私は、ある小説に書かれていた言葉を思い出した。

「木の葉を隠すなら森の中」――。

周囲に合わせて、アフリカの情熱を真剣に踊るしかない！

目の端にチラリとカメラマンと編集者の姿が入った。一瞬迷ったが、イモやカボチャだと思うことにした。すると、サバンナの大自然にいるように思えてきた。悪くない。

そのとき、参加者の女性（推定年齢40歳）が、突如、信じられないほどの大声で吠えた。

「ウォー！」

アフリカのダンスを踊って、自分がライオンにでもなった気分なのか。それを見て、私は一瞬ひるんだが、他の参加者が女性と同じように、「ウォー！」と、力いっぱい吠えたのを見届けてから、真似して吠えてみた。

「ウォー！　ウォー！」

あらん限りの声を張り上げて叫んだ。

……ヤバいくらい気持ちいい。

ダンスを終えて床に座って休んでいると、編集者が笑顔で近づいてきた。

「真理子さん、アフリカのダンスのご経験があったんですね」

あるかい、そんなもん！

思い切りツッコミたかったが、そこは褒め言葉と受け取り、丁重に礼を言った。

壁の時計に目を向ける。なんと、ダンスを始めてからすでに4時間が経過しているではないか。私は4時間、休みなく踊りっぱなしだったのだ。夢中になって時間が経つのさえ忘れていたのかと思うと、充実感で胸がいっぱいになった……。

四谷の交差点で悟りを開いた

私が意識の変化を感じたのは、ダンスの取材をしてから4日後の夕方だ。

仕事からの帰り道、四谷の交差点で信号待ちをしていた。

私の前をどんどん過ぎてゆく車を眺めていたら、突然妙な感覚に襲われた。今、自分の目の前を通り過ぎる車とその後方、遠くから走ってくる車、その2台を見て不意に感じた。

「同じ距離だ」と。

わかりにくいと思うので、もう少し説明する。

「目の前を走る車と私との距離」

「目の前を走る車の500メートル後方を走る車と私との距離」

これは明らかに違う。

にもかかわらず、私から見て2台の車、それぞれの距離が同じだと感じたのだ。

同時に、こんな考えも浮かんだ。

「この世には過去も現在も未来もない」

「自分と他人に違いはない」

もともとはひとつで同じ存在だと、理屈抜きに細胞レベルで感じたのだ。

霊能者たちが言っていた悟りとはこのことか！　不思議とこのとき、悟ったという認識はない。静まり返った気持ちで、うれしくも悲しくも、なんともない。

そんな感覚が、一瞬の光のようなスピードで通り過ぎていった。

我に返ると、四谷の交差点に立っていた。先程と同じように後方から車が走ってくるのが見える。しかし、その距離は、私から見て目の前の車との距離よりも離れている。同じではない。

いつもどおり、「遠くから車が走ってくる」と感じた。

私の悟り体験はそれで終了した。以来、同じことは二度と起きていない。


それにしても、なぜ自分の身にこんな現象が起きたのだろう。占いライターという職業柄、悟りとはどんなものか聞く機会が多いが、まさか自分が体験するとは思いもしなかった。

一般的に、悟り体験をする人は生来の能力者か、危険な目に遭い、生きるか死ぬかのピンチで能力が目覚めて開眼する人が多い。素人がただ道を歩いていて開眼したのはなぜか。

知り合いの霊能者に訊ねてみると、こんなことを言われた。

「それはダンスをして『集合意識』に繋がったことが原因です」

集合意識とは、わかりやすく言えば大勢の人が集まり、団結し、心が繋がった状態を言う。

私はダンスを踊っている最中、恥ずかしさからではあったが、森のなかの木に紛れようと決意し、我を忘れて踊り狂った。

それが結果的に他のメンバーの心（集合意識）と繋がり、宇宙の法則（すべてはひとつ）を感じる（悟る）ことになったのではないか、というのが専門家の解釈だった。ただ、悟りは一時的なもので、身につくかは別の話、とも語る。

また、サイキック少女のW子も、私がこれまで出会った誰よりも、ダンスセラピスト・K嬢のエネルギー波動が高いと話していた。

推測になるが、この現象は普段、他人とあまり交わる機会がない人ほど起こりやすいのではないだろうか。私のようなフリーライターという職業は、家で原稿を書くという個人プレーばかりで多くの人とは関わらない。

環境がガラリと変わり、集団行動が脳に起爆剤として作用しやすい人ほど、集合意識に繋がりやすいと思うのだが、どうだろうか。

悟り体験後に待っていた世の中の無常

ここで悟りについて、補足説明をしたい。

占い業界では、古代マヤ文明の暦が終わる2012年頃から、こう言われ続けてきた。

「意識覚醒とアセンション（次元上昇）が地球規模で起こる！」

説明すると、それまでは多くの人が一生かけて修行しても、悟りを開ける聖者が数百年にひとり出るか出ないかという状況だったが、そんな時代は終わり、地球人全員が悟りを開く時代に入る、というのだ。

結果は皆さんご存じのとおり。

マヤ暦が終わった２０１２年12月。地球人全員の意識覚醒が起こり、劇的に地球の問題（環境汚染、戦争など）が解決されることはなかった。

だが、この説を根拠のないヨタ話だったと笑い飛ばす気にはなれない。それは、私が半覚醒を体験したように、地球人類が皆手を取り合い、ダンスを踊れば、ともに悟りを開く時代がいつかやってくる、そう思うからだ。

ということは、朝の満員電車に乗っていても悟りは起こり得る。

乗客同士が互いを邪魔な存在と思わず、出し抜こうとは思わず、助け合い、慈愛を持って一体になろうと思えば、集合意識と繋がるのではないか。

つまり、地球規模のアセンションとは、差別や戦いのない平和な世の中になり、互いを思いやる心の余裕ができたときに起こるもの……ではないだろうか。

私が悟り（半覚醒）体験をしてなにか世界が変わったかと言えば、なにも変わらなかった。

世の中に対する見方も以前と変わらない。嫌な奴は嫌な奴のままで、日常はつまらないまま。現実世界はなんとはかないことか。

死にたくなった霊能者の気持ちがちょっとだけわかった。

だが、変わったことがひとつだけある。それは周りからの反応。

いちばんわかりやすい例は、私が怪しい整体師のオヤジから異次元の力をダウンロードされたとき、除霊してくれたサラリーマンのD氏。彼は、私の悟り体験を聞くなり、怒鳴りつけてきた。

「思い上がるのもいい加減にしろ。あんたに悟りが開けるはずがない！」

その目には嫉妬の炎がメラメラと燃えていた。

当たり前だ。彼は長年にわたり、悟りたい一心で修行してきた人なのだから。

以来、彼と私は絶縁状態になってしまった。

ある出版社のベテラン編集者からは、「それは本当の話ですか？　勘違いじゃないですか？」と、激しく何度も問い詰められたため、「実は嘘でした〜！」とギャグにしてやろうかと思ったほどだ。

「悟っても飯のタネにならない」とわかった、違う意味での悟り体験となったのだった。

第5章
宇宙レベルの声を聞く11箇条

人生で必ずやってくる神のタイミング

ここまで様々な事例を交えて、占い師と出会い、本物かどうか見極める方法を紹介してきた。もちろん、これらは一朝一夕に会得したものではない。

私はこれまで、占いライターとして、数々の著名占い師や霊能者にインタビューしてきたが、駆け出しの頃は難解な用語との格闘の日々だった。

占い業界には、普通に生活を送っていれば、まず聞くことがない専門用語が飛び交っている。ウォークイン、ミディアム、ライトワーカー、アセンション、アカシックレコード、チャネリングなどなど。

ほぼ横文字で辞書に載っていない言葉ばかりだ。ライトワーカーだけは初出なので解説すると、他人を覚醒させる使命を帯びて地球に誕生した人のことだ。

ウォークインという概念については少し触れたが、ここで詳しく説明しておくと、臨死状態にある人間が高次元存在（つまり宇宙人）と契約を結び、再び三次元で生きる代わりに、肉体に高次元存在の魂が入り込むことを言う。

高次元存在は人間の肉体を得て、自身が持つ魂の使命を果たす。といっても、見た目は普通の人となんら変わりない。だからあなたの側にいる可能性も大である。

ライターになりたての頃は、こうした用語が理解できずに、相手が日本語でしゃべっているかどうかすら、わからないこともあった。たとえばこんな具合だ。

「五次元のプロトタイプに意識をアクセスすれば病気を治すことができます」

プロトタイプとは英語では「原型」または「ひな型」を指す言葉だが、業界用語では肉体の原型（三次元にいる人の肉体の原型は五次元世界にある）を指す。

しかも、言葉の意味がわかっただけではダメだ。五次元にある原型が持つ役割を知らないと、話の意味がわからない。

たとえば、三次元の肉体がガンにかかったとしよう。地球レベルでは、三次元の肉体を治療してガンを治そうとするが、それによってガンが治ることはない。なぜかというと、肉体の原型は五次元にあるからだ。肉体の状態は、次元の高いほうを優先して現実化してしまうから、低次元（三次元）にある肉体をどれほど治療しても意味がない。

そこで五次元にアクセスできるヒーラーが肉体の原型にアクセスして、エネルギー調整をすると原型に連動して、三次元の肉体からガンが消える。宇宙レベルでは、ガンが治る仕組みはこうなっている。この理論を信じるか否かは別として、基本概念を知らなければ、インタビューで相手の語っている内容が理解できない。

新人時代、インタビュー中に言われた言葉の意味がわからず、慌てていると、同行している編集長に「ライターのくせに知識がなさすぎ！」と指摘され、後でガミガミと叱られたのは一度や二度ではない。

だが、こうした悔しい経験を経て、「霊的世界について他の誰よりも理解したい」という思いを持つようなった。

また、ライターという職業を続けるうえで心掛けたのは、取材対象者を公平に見ること。ひとりの教えに没頭しては公平な目線が保てなくなり、記事の内容が偏る。

だから1000万円以上をかけてセッションを受けまくっているときにも、誰かひとりだけの教えに傾倒しないよう気をつけた。本書では、こうした思いで得られた体験を紹介しているので、初心者にぴったりのガイド本だと自負している。

さて、もうひとつ、人生を軌道に乗せるためのコツとしてお伝えしたいのは、占いを最大限活用するには、宇宙的時間の流れ、すなわち「ディヴァイン・タイミング」が重要であるということだ。ディヴァインは英語で「神」、つまり神が、時間という概念がある三次元世界のために用意したタイミングを指す。たとえ本物の占い師や霊能者でも、この流れには逆らえない。

たとえば、運気が落ちていると感じたとき、ガムシャラに動いて起死回生を図ろうとしても効果は出ない。それどころか、焦って動けば動くほど状況は悪化してゆく。

タイミングが悪ければ、なにをやっても上手くいかないのだ。だから読者の皆さんも、こういうときは、やみくもに動いてはいけない。相談に行くときは、占い師のアドバイスを活かせる日（ディヴァイン・タイミング）を待って欲しい。

その人の魂の成長具合によっては、アドバイスを受けてはいけないときもあるし、人生の流れのうえで必要であれば、今は占い師の名前すら知らないとしても、必ず本物と出会える。ディヴァイン・タイミングがいつなのか、読者の皆さんにわからなくても、自然に本物と出会えるようになっているのだ。

私が本書で占い師の実名を明かさずにイニシャルにしたのも、ディヴァイン・タイミングがあればこそ。本書の情報によって、すぐに占いを受けに行ける状況を作り出すと、読者にとっての絶好のタイミングを狂わせてしまうと考えたからだ。

この大前提を踏まえ、これから皆さんに「本物の占い師・霊能者から、宇宙レベルの声を聞く11箇条」をお伝えする。

「11」という数字はマスターナンバーだ。数秘術で特別な波動を持つ数字と言われている。これに従えば、初心者でも宇宙レベルの声を引き出せるようになるはずだ。

1 占い難民に告ぐ！　本物はあなたの側にいる

本物の占い師はいったいどこにいるのか。

皆さんはきっと疑問に思っていることだろう。

地方に住んでいると、彼らはきっと東京や神奈川、大阪など都市部の中心に集中している気がしてくるし、都心に住んでいると、彼らは地方の離れ小島に隠遁しているような気がする。不思議だ。

この感覚は、どちらも間違っているし、どちらも正しい。もったいぶらずに言うと、本物の占い師はどこにでもいる。田舎にも都会にもいるし、銀座や新橋の街角、大型スーパーの占いコーナーにも座っている。あなたが本物の占い師に出会いたいと強く求め、タイミングにピタリとはまれば、どこに住んでいても出会えるのだ。

たとえば私は、5000年前から生きているとされるヨーガ行者マハー・アヴァター・ババジが、町で子どもにお菓子を配っているのを見たという人に会った。しかし、ババジはヒマラヤの奥地に隠棲していて、本来なら町などにいるはずがない。

このように、本物は困った人にピタリと吸い寄せられるように、突如現れる。だからこそ本物と呼ばれるのだ。

私の場合は、「本物はきっと海外にいるに違いない」と思い込んでいた時期があった。だが、外国に行ってみると、現地の人も同じように本物を求めていることに気づいた。本当の救いを求め続ける「占い難民」には貧富も国境も関係ない。

私が、タイでセッションが受けられるリゾートホテルに宿泊していたとき、各国から大集結しているセレブたちを目撃した。オーストラリア人医師の夫婦、エジプトでミュージアムを設計している女性建築家、ハワイのリゾート地に暮らす億万長者の娘……。

彼らは狂ったように見えない力に依存しており、滞在中にセッションを1日4〜5回は受けていた。それを見て、「セレブにも自分で解決できない悩みがある。お金持ちならいろいろな人脈があるはずなのに、彼らは宇宙からの言葉、人生を変えるアドバイスをはるか遠くに求めているんだ」と虚しい気持ちになった。

このように、「占い難民」という旅を終えた今だからこそ、私は言える。

「遠くに行かなくても、本物は側にいる！」

私の場合、占いフェスティバルの会場で偶然見かけた人、他人の紹介で知り合った人など、偶然出会う人ほど本物の確率が高かった。出会える相談者が特別な存在かといえば、そんなことはない。

問題は、その人が本物に救われることを求め続けているかどうかだ。

2 迷ったら他力本願になってすぐに駆け込め

真面目な人ほど人に頼るのは苦手だ。なんでも自力で解決しようとする。でも多くの場合、本当は遠慮しているだけで「助けて欲しい」「人に頼りたい」と思っている。

ではなぜ、素直に行動できないのか？

その背景には「借りを作りたくない」「他人にウザいと思われたくない」という気持ちがあるのだろう。

しかし、そんなことでは、長い人生を渡っていけない。

頼りたいときは困っているのだから、犬でも猫でも頼ったほうがいい。それが占い師ならなおさらだ。お金を払うのだから、すがり倒したほうがいい。それに、占い師は人にアドバイスをする使命を持って生まれている。

悩みを聞くことが、彼らの霊的成長に繋がるのだ。

以前、ある霊能者とこんな会話をした。

「霊的な力に頼りすぎてしまうと、魂の成長にならないのでしょうか？」

当時の私は、なんでも自分で解決したほうが霊的成長に繋がり、さらに神様に好かれてご褒美がもらえるのではないかという、よこしまな考えを持っていた。

だが、その霊能者の口から出たのは、思いもよらぬ一言。

「神様の力で出会わされているのだから、頼れるときには頼りなさい。困ったときにすぐ相談しないと、取り返しのつかないことになって後悔しても、知りませんからね」

叱られそうになったので、大慌てで「頼らせてもらいます」と取り繕った。

とはいえ、心の中では「相談料欲しさに言っただけなのでは？」という疑問を拭えなかったのだが、後日、決定的な出来事が起きた。

私が英語のスキルアップを目指していたときのこと。スパルタ指導で有名な英語教師・A先生の門戸を叩くべきか迷っていた。しかし、A先生の受講料は高額なので即決できない。

そこで、例の如く霊能者を頼った。

「このタイミングで相談に来てくれてよかった！　『すぐに習いに行きなさい』とあなたの

守護霊が背後で伝えています。でなければ後悔しますよ、と」

どこか聞き覚えのあるアドバイスにゾッとして、A先生の授業をすぐに申し込んだ。

期待どおり授業は熱気にあふれ、見事な指導だったのだが、その数ヶ月後、なんとA先生はガンで亡くなってしまったのだ。後でわかったのだが、私が受けたのはA先生の最後の授業であり、病気をひた隠しにしながらの指導であった。

もし、私がすぐに霊能者に相談に行かなければ、「あのとき、聞いておけばよかった」と末だに後悔していただろう。迷ったら、ためらわずに飛び込もう。

3 二足のわらじ占い師に本物率高し

私がこれまで数多くの占い師と知り合って、気がついたのは、なぜか占いを生業にしていない人、つまり他に本職がある人に本物が多いということだ。

具体的に言うと、カメラマンと医師に本物が多い。特にカメラマンの実力はダントツだ。

雑誌のライターという職業柄、取材現場でカメラマンと会う機会が多いが、大げさではなく、今まで出会ったカメラマンの3人にひとりは霊能力を持っていた。

医師に本物が多い理由はわかりやすい。人の生死と日々関わっていると、否が応にも霊的能力に目覚めてしまうのだろう。カメラマンの場合は、ファインダー越しに被写体の本質を見通そうとするので、肉体のみならず魂にもピントが合ってしまうのだろうか。

他に私が出会った本物は、オカマバーの店員、介護士、デザイナー、貿易関係の会社経営者、美容師、専門学校の校長先生など、多岐にわたる。

彼らは一見すると普通の人と変わりない。ただ話していると、常人とは違うなにかに気づく。そして、一般社会でも働いているため、こちらの苦労をよくわかってくれて、地に足のついたアドバイスをくれるのだ。

以前、霊視をよく当てる霊能者のもとに通ったことがある。彼女の本職もカフェの経営で、占いは土日のみの副業だ。土日しかセッションが受けられないため、朝から晩までギッシリと予約が埋まっていた。

「こんなに人気じゃあ、儲かってしょうがないですね」

あまりの繁盛ぶりに、少し嫌味も込めて言ってみた。

すると本人曰く、本業の収入が安定しているため、副業で得たお金は全額を「犬猫募金」に寄付しているという。土日の2日間で10万円以上を寄付している計算になる。

「本当に寄付しているのだろうか」と邪推してしまう私は性格が悪いが、一方で「占いで儲けようという邪念がないから、鑑定が当たるのかな」とも思った。

もちろん、カメラマンや医師にも偽物はいるだろうから決めつけるのは良くない。あくまでも私の経験に基づく参考情報である。

4 騙されたらとことん騙されてみる

これまでも紹介してきたとおり、占い師や霊能者には相談者を正しく導く能力がないのにもかかわらず、自作自演でお金を巻き上げようとする偽物も数多くいる。

ただ、それを怖れているようでは、宇宙レベルの声を聞くことはできない。騙されてしまっても、それは本物にたどり着くための〝投資〟だと思えばいい。私は合計で1000万円以上を偽物占い師や霊能者たちに払ってきたが、上には上がいる。私よりも悲惨な目に遭っても、その後たくましく生きている人はいる。

心配ご無用だ。

それよりも避けるべきは、占い師や霊能者を「インチキ」と決めつけ、せっかくのチャンスを逃してしまうことだろう。

極端な話をすれば、インチキ占い師のデタラメなアドバイスでも、相談者が正面から受け止め、キチンと行動を起こせば自分にとっての運命の人になることもある。人生なにが吉と出るかわからない。

私が、知人と一緒に占いを受けに行ったときのこと。といっても、予約は別々に入れて、個々に受けた。占い師は、まさか私たちが知り合いだと思わなかっただろう。

占いの後、知人と鑑定結果をシェアしたところ、その占い師が2人にまったく同じ答えを伝えていたことが判明した。その内容とは、「あなたの前世はタロット占い師です」というもの。「イギリスの秘密結社・ゴールデンドーン（別名：黄金の夜明け団）の幹部だったようです」というオマケの情報まで同じだった。

タロット好きの知人はそれを知ってガッカリ。前世がタロット占い師だったと聞かされた後だっただけに意気消沈してしまったようだ。だが、私は逆だった。

「前世で同じ場所にいた2人が、現世で再会することはあるはず」と思ったからだ。

ひと月後。なんと私は、そのときの占い師が口にした鑑定と、ほぼ同じ内容の言葉を別の占い師から聞いた。「やっぱり本物だった！」と私は確信したが、知人は占い師の言葉を未だに信じられずにいる。

インターネットの口コミを見て欲しい。同じ占い師でも、「当たり障りのないことを言われただけで、なんの気づきもなかった」と文句が書き込まれていることもあれば、「的確なアドバイスで人生が変わりました。ありがとうございました」と感謝する声もある。

結局、周囲がどう言うかなんて関係ない。

自分の直感を信じなければ、宇宙レベルの声を聞くことはできないのだ。

5 中立な心でアドバイスを聞く

占い業界では「ニュートラル（中立）な状態を保つと上手くいく」、という定説がある。

ニュートラルとは、怒りや喜び、悲しみで感情を昂《たか》ぶらせない、ありのままの状態のことを指す。宇宙レベルの声を聞くには、鑑定中に褒められようと、けなされようと、冷静に言葉の真意を受け止めなければならない。

だから、慣れた相談者のなかには、占い前にわざわざ瞑想したり、神社に行って心を清める者さえいる。

私が占いを受け始めたばかりの頃は、占い師が言うことはすべて正しく、額面どおりに捉えなければならないと思い込んでいたので、とにかく緊張していた。

占い中も「次は何を質問しよう」「残り時間はあと何分だっけ」「お金を払った分の元は取れるかな」「この人の言うとおりにすれば人生が上手くいくのか？」と、そんなことばかり考えていたので、終わった後に肝心のアドバイスを思い出せないことさえあった。

しかし、中立の状態でいれば、アドバイスを過不足なく受け取れる。自分では気づかないものだが、普段多くの人は、他人の言葉を自分の都合に合わせて勝手に解釈している。たとえば、恋人について相談した女性が、「彼はあなたの恋人にふさわしくありません」というアドバイスを受けたとする。

ありがちなのが、「この人じゃないなら、もっと素晴らしい恋人が自分にふさわしいんだ」「彼ではなく、格好良くてお金持ちの恋人が現れるに違いない」と勝手に解釈を付けること。

これは占い師の真意を無視している。

言葉どおり「彼は私と合わない」とだけ理解すればいい。深読みして、余計な意味を付け加える必要はない。では、中立の立場を保つにはどうすればいいのか。私が編み出した方法をここでお伝えしよう。

占い中、冷静になることが難しそうなら、録音して自宅に音源を持ち帰るのだ。または鑑定中に細かくメモを取ってもいい。そして、それらを見返すのは、当日ではなく、鑑定を受けた翌朝まで待つのだ。

それでもアドバイスの内容にピンとこなければ、思い切って忘れる。

そして1～2ヶ月後にメモを再び見直す。とにかく焦らず、時間をかけてアドバイスと向かい合うのだ。中立の状態で言葉を受け止めることで、アドバイスに隠された宇宙レベルの声に気づきやすくなる。

言うまでもないが、鑑定を録音するときは、許可を得てからにしよう。

自分のための鑑定であっても、許可もなく録音するのは失礼にあたる。録音データをネットにアップしている相談者もいるようだが、非常識なので絶対に止めよう。

6 地に足をつけ、言葉に影響されすぎない

ニュートラルな状態と並んで欠かせないのが、「地に足をつける」ことだ。

これまで紹介してきたとおり、本物の占い師のアドバイスは地球の常識にとらわれない、ともすれば危険と言えるものもある。1から10まで鵜呑《うの》みにしない自制心も大切なのだ。

たとえば、98ページで紹介した「あなたのお金はすでに宇宙銀行にあります」という言葉だ。名回答ではあるが、「どうせ、後でお金が入ってくるから」と盲信して、有り金を散財してしまえば、当然近いうちに懐はスッカラカンになる。

この言葉の正しい受け止め方はこうだ。

まず、お金が入ってくるチャンスにはいろいろなものがあると理解する。

そして、「好きなこと（趣味）を仕事にする」など、現実に則したお金の引き出し方を模索する。お金を使うのはその後だ。

地に足のついたアドバイスで有名なスピリチュアルカウンセラーとして、テレビでも大人気のE氏を例に挙げたい。

彼は、著書のなかで「『彼氏が欲しい』という人の多くが『だって出会いがないんです！』と嘆くが、その実、霊視をしてみると、ひとりの生活に居心地の良さを見出しているケースがほとんどであり、本当に出会いを求めているのなら、人と出会うための場に足を運んでいるはずだ」と指摘している。

他にも、老後が心配だという人について「今の時代、衣食住のうち、衣と食に困ることはほとんどない。問題は住。ＮＨＫで放映された『老後破産』という特集番組で月２万５００0円の年金で生活しているという女性が紹介されていたが、それでも生きていけるのは持ち家があるから。最後は家を売って介護施設の支度金に充てる手もある」と若いうちの住宅購入を勧めていた。

ぼんやりとしたポジティブシンキングではなく、「現実に行動しなければ幸せはやってこない」という真理を教え、かつ具体的にどうすればいいのか示してくれる。Ｅ氏も幼い頃に両親を亡くした苦労人だからか、地に足のついたアドバイスに定評がある。

人生が思いどおりに動き出すときというのは、「宇宙からの導き」と「地に足をつけての行動」、２つのバランスが取れているものなのだ。

ただ、頭でわかっていても、実践するのは難しい。

私もバランスが崩れていると、霊能者にこう指摘される。

「第六チャクラは開いているけど、第一チャクラが極端に閉じています」

第六チャクラは額の中央にあり、第一チャクラは生殖器と肛門の間にある。

宇宙と繋がるには、体に７つあるすべてのチャクラ（第一、第六の他に、下から丹田、みぞおち、心臓、喉元、頭頂の順に存在する）が開き、バランスが取れている状態が望ましい。

体の下の部分のチャクラが閉じている場合、下を開けば体の上とも繋がりやすくなる。そして、下のチャクラを開くためには地に足をつけ、体を動かすことだ。

そういえば、私が白昼の千駄ヶ谷で、吉兆である白蛇を見たのは、25メートルのプールを10往復、泳ぎきった後だった。きっと運動したことでチャクラのバランスが整い、白蛇という弁天様のお使いが現れたのだ。

かつて、占い師に言われた「友人を作りたければフットサルをしなさい」というアドバイスも、今思えば、「チャクラのバランスを上手く取りなさい」ということだったに違いない。

7 ゴールへの道順は自分で決める

とある海外の占い師にインタビューしたときに、心に残った言葉がある。

「占いは、道に迷ったときの地図みたいなものです」

占い師は相談者に道案内はできる。しかし、その後にどんな道を歩んでいくかは、本人の自由だ。ゴールにたどり着くまでの方法を決めるのは占い師の仕事ではない。

私が占い業界に入りたての新米ライターの頃は、「これからあなたの未来はこうなります」と言われたら、そのとおりになると盲信していた。占い難民となっているほとんどの人が、このときの私と同じ罠にはまっているだろう。

地図を渡された後に、「よし。私はこの道を選んでゴールに進もう！」と自分で決められる人が、占い師の言葉に宇宙レベルの答えを見出せる。

私が昔、新宿の繁華街でお酒を飲んでいると、居酒屋の女将《おかみ》で、四柱推命ができる人と出会った。酔っ払ったついでに女将が占いを始めると、「フリーライターなんて向いてない。すぐに辞めなさい」と容赦ない一言が飛び出し、一気に酔いが冷める。

理由を訊ねると、これでもかとダメ出しされた。

「あなたは生まれつき金運が弱いタイプ。さっさとお見合い結婚でもしたほうがいい。旦那の稼ぎで暮らしなさい」

ここまで言われて黙っているわけにはいかない。

「晩婚になっても恋愛結婚がしたいし、なにがなんでもライター業は続けたい」

私が反論すると、小娘が生意気な口をきくなと言わんばかりに、十倍返しで叱られた。

「言うことを聞かないと後悔するわよ！」

その結果、私がどうしたか。果敢に歯向かうことを選んだのだった。

「私だって好きな仕事をしてお金を稼ぐ権利はある」

「意地でもお見合い結婚なんてするものか！」

声に出してこそ言わなかったが、この怒りをバネにし、フリーライターを続けた。仕事の合間に婚活も頑張った。

あれから10年以上が経ってわかったのは、あの女将の鑑定結果は当たっていたということ。今でも貧乏ライターで未婚、彼氏ナシ！　言われことは間違っていなかった。

しかしながら、私はライター業を続けるという選択をしたことに後悔はない。そうした意味では言うことを聞かなくて正解であった。もっとも、占いを受けなければよかったとも思わない。

鑑定に歯向かいはしたが、女将の言葉は、フリーライターという仕事を甘く見て、依頼の来た仕事だけをのんびりとこなしていた私に活を入れたからだ。その日からは、自分から企画書をまとめて持ち込みをするようになり、なりたい自分になるために自己投資も始めた。これもまた、宇宙レベルの声だと思う。

占い師の言葉を聞いたあとに、ゴールとルートを決めるのは自分だ。

自らの意思で進む道を決めよう。

8 未来を知っても謙虚さを忘れないこと

占いで未来を鑑定してもらうと、あたかも自分が未来を見通したかのように思えて、傲慢になってしまう相談者がいる。相談者はあくまで謙虚でなければならない。

かく言う私も占いにはまり出して最初の数年間は、謙虚さを忘れていた時期があった。

恋人に振られても、霊能者から「彼とは過去生のカルマが原因で別れた」と言われれば、過去生のせいにして自分の落ち度に目を向けることもしなかった。

それだけではない。

知人と喧嘩になると、「私は悪くない。あの人の守護霊と私の守護霊の気が合わなかっただけ」と守護霊のせいにしていた。

我ながら嫌な奴と呆れる。

もっとも、霊能者に言わせると、守護霊同士がいがみ合うことは実際あるそうだ。

守護霊同士が話し合って、本人たちの魂の成長のために、お互いの主人をわざと喧嘩させていることもあるという。しかしながら、日常で起こる悪い出来事を、なんでもかんでも鑑定と結びつけて、過去生や守護霊のせいにしたらいったいどうなるだろう。

まったく自己を省みない、ロクでもない人間になってしまう。思い出して赤面することしきりだが、初心者は陥りがちな現象なので、他山の石として欲しい。

9 占い後、自分自身と対話してみる

宇宙レベルの声を聞くためにいちばん肝心なのが、この9番目の法則である。

私は占いや霊視を受けた後はいつも、自分と向き合い、対話するようにしている。

たとえば、占い師の言葉を聞いて、気分が落ち込んでしまったときには、まずは理由を考える。うれしかったとき、怒りを感じたときも同様だ。

禅問答というほど大それたものではないが、自分に訊ねて、自分が答えることで隠れていた本心が見えてくる。

私に、「さっさとお見合い結婚でもしたほうがいい」と勧めた、居酒屋の女将の鑑定を例にとってシミュレーションしてみよう。

まずは疑問を重ねるところからスタート。

「なぜ、私はライターを辞めたほうが幸せになれる、と言われて落ち込んでしまったのか？」

「幸せになりたかったのではなかったのか？」

その理由を探ることで本心が見えてくる。

「そうか。私はただ幸せになりたかったんじゃなくて、やりたいことをやって幸せになりたかったんだ」

最終的には「ならば、もう一度、ライターで幸せになるために挑戦をしてみよう！」と決意できるのだ。

このように、占い師に言われた瞬間は気落ちするだけだったのが、自問自答することによって、やがて自分で宇宙レベルの声にたどり着く。これは言われて得られるものではなく、自身と対話することによって、自分のなかから見つけたものだ。

自分自身を俯瞰《ふかん》することは、5番目の法則「中立な心でアドバイスを聞く」ためにも役に立つ。特に、怒りの感情は中立な自分でいるためには、一刻も早く手放さなくてはならない感情だ。

このときに、自分自身との対話が活きてくる。

「なぜ私は、この人に文句を言われて腹を立てているのか」

自分自身に問いかけてみると、あら不思議。

怒りの感情が、まるで最初からなかったかのように、忽然と消えてしまう。

それは、怒りの正体が、相手をコントロールできない自分に対する不満であることに気がついたからだ。

すると、相手に対して持っていたマイナスの感情が引き潮のように消えてゆく。

このテクニックを極めると、怒りを感じていた相手に対して、むしろ、感謝の気持ちさえ起こるという。私はまだまだだが、いつかそんな境地に至りたいものだ。

10 人生に師を作らないという選択

9番目の法則では「宇宙レベルの声は自分のなかにある」ことに気づくべきだと述べた。

「ということは、わざわざ占いに依存することはないのでは？」

そう思ったあなたは正しい。

占いにはまり始めて、お気に入りの先生ができると、たいていの人は「先生ともっとお近づきになりたい」「自分をもっと気に入って欲しい」と独占欲が出てくるようになる。

まさしく私がそうだった。一時期、占いに足繁く通い、先生に媚を売っていた。しかし、占いの究極の目的は、これまで述べてきたとおり、魂の成長、つまり霊的成長だ。相談者が占い師を教祖のようにあがめ、妄信してはいけない。

だから、相談者の依存心を駆り立てて自分の信者にしてしまう占い師は偽物だ。本物の占い師は心から相談者の魂の成長を願っているのだ。

魂の成長は、生きていくなかで起きる様々な出来事についての判断を、自分自身で下し、人生を切り開いていくなかで起こる。

占い師との関係についても、頼りたくなったらすぐに鑑定してもらい、アドバイスを参考にしながらも、ここぞというときの決定権は自分で持つのが正しい。

そのような姿勢があればこそ、自分のなかにある宇宙レベルの声に出会うことができる。人生にマスター（師）はいらない。あなた自身がマスターなのだ。

11 宇宙レベルの声を聞いたら決意し行動する

「決意」と「行動」。

私が20代の頃に出会った霊能者の男性カメラマンは、この言葉をよく口にした。彼の霊能力に魅了され、ストーカーのように毎週せっせと通うようになった頃、「君の霊的成長にならないから」と言い残し、彼は私の前から去った。

「お金ならいくらでも払うから待って」とすがりついたが、あえなく音信不通に。

あれから10年以上経った今、振り返ってみると、彼の教えは1から10まで正しかった。

人生においては「ここぞ」というときに「決意」して「行動」すれば神風が吹く。

その一方で、変化を求めているのに宇宙レベルの声が降りてこないのは、まだまだ決断力が弱いからだ。

わかりやすい例を挙げよう。

会社を辞めたがっているサラリーマンがいるとしよう。彼はいつか辞めようと思いながらも、給料が安定しているために、好きでもない仕事を続けている。変化を求めているが、変化を起こそうという「決断」はできない——。

こんな状態のとき、宇宙レベルの声は決して降りてこない。

そのうちに波動が下がって「ディヴァイン・タイミング」を逃してから霊能者に「助けて欲しい」と頼んでも、門前払いされてしまう。そうなっては手遅れだ。

逆に、「ここぞ」というときに宇宙レベルの声を求めれば、大天使ミカエルやラファエル、キリスト、マリア、ゾロアスター、日本の神仏などのエネルギーと繫がることもできる（ちなみに、運気が落ちたとき、お酒に酔って川辺に行くと河童《かっぱ》のエネルギーに繫がり、人生を棒に振るので気をつけよう）。

それでは、どうやって自分の「決意」を後押しすればよいのか。

手っ取り早いのは、「清水の舞台から飛び降りるつもりで、高額料金を払って占いを受けに行く」という方法を取ることだろう。

この方法は、「お金の元を取らなくてはいけない」と、必死感が出るため、「獅子の子落とし効果があります」と、貧乏サイキック少女のW子も熱く語っていた。

「無料のお試し占いを受ける人はロクな人生を歩んでいません。お得だからと甘えてる。変われないのも自業自得です。もっと相談者がお金を払ってくれればいいのに！」

こちらはW子の私情がからんでいる気もするが、納得はできる。

私自身、高額の占いで宇宙銀行の存在を知り、お金の価値観がガラリと変わった。

また、決意するためにはポジティブシンキングでいることも大事だ。私が過去に恋愛について霊能者に相談したときのこと。

「あなたの好きな人との相性は50パーセント！」と言われ、すっかり落ち込んでしまった。

だが、そこに救いの手を差し伸べたのは、意外にも某出版社の名物社長だった。

「50パーセントなら100パーセントと言われたのと同じ。よかったですね。僕なら告白するな」

ポジティブすぎる！

なぜ、50パーセントの確率で告白しようという思考回路になるのだろう。

社長は続けた。

「50パーセントなら上手くいく確率が半分あるということです。結果は上手くいくか、断られるかの2つだけ。一か八かで上手くいけば、100パーセントです」

やっぱりよくわからないが、目を開かれた気がした。

占いに頼っても、最後は「行動」しかないと奮起した私は、意を決して告白した。

結果は、あえなく振られてしまったが、悔いはない。この「決意」と「行動」を続けることが、いつか幸せを引き寄せるのだから。

本物の占い師たちは教えてくれた。

この世界は、可能性に満ちているということを。

自分に、幸せになる許可を与えるべきだということを。

自分を縛り付けるなにかを取り除こうと「決意」したとき、そのために必要な答えはいくらでも宇宙から降りてくる。そして「行動」を起こせば、信じられない奇跡が生まれる。

誰もが自分のなかにある宇宙レベルの声と出会い、人生を変えられるのだ。


これで11箇条は終わり。

最後に私が20代の頃、天から聞こえた言葉を皆さんに贈ろう。


「求めよ。さらば与えられん」

おわりに

長い人生で、正しい道を外れてしまうことは誰にでもある。

ただ、宇宙の理によれば、本来の道から逸れてしまった場合でも、いずれ見えない力によって軌道修正されることになっている。

あまりにも本来の道から逸れると、強引に押し戻されるときに摩擦が生じ、会社からリストラされたり、パートナーに浮気されるなど、三次元でトラブルとなって現れる。

この時点で、「自分は本来の道から逸れていた」と気がつくのは勘のいい人だ。

一方で、どん底に落ちたまま這い上がれずに、人生を棒に振ってしまう人がいる。そんな状況を突破するための裏技が、占いや霊視などだ。

私の知人に、こんな悩みを抱えている人がいた。

「この先、子どもをもうひとり作るか作らないか、夫と悩んでいるんです。でも仕事はこのまま続けたいし……」

彼女はすでに40代。

あと2～3年も経てば、子どもを産めなくなるだろうと思った。いや、宇宙の理によれば、閉経後だって妊娠できるのだが、彼女は普通の人なので、少なくとも子どもを産もうという気がなくなるに違いない。

私は信頼できる占い師を紹介し、すぐ相談に行くように勧めた。このときが、まさに彼女にとってのディヴァイン・タイミング。それから半年後、子どもを授かった。妊娠がわかった直後、彼女は私にこう言った。

「実は、初めから子どもを産んで仕事を辞めることになるとわかっていました」

頭ではわかっていても、一歩踏み出せなかったが、占いのなかで夫にさえ言ってない本心を突かれて、心が動かされたのだという。

占いは単なる統計学ではないし、当てずっぽうで相談者を騙そうとする詐欺でもない。そのすごさを一度体験すれば、違うとすぐにわかる。

私が出会った本物たちには、間違いなくこちらの本心がズバリ見えていた。子どもを産もうと決めた知人と同じように、誰にも言ってない気持ちを突かれたので、本物だと確信した。

まだ占いを受けたことのない人は、一度そのすごさを味わって欲しい。思いもよらない言葉に心動かされることになるだろう。

占い難民、その後——文庫版あとがきにかえて

ここで、この本を執筆してからの、私の「その後」について語りたい。

まず、ご報告しておきたいのは、私はこれまで彼氏がいなかったが、9歳年下のイケメンと付き合うことになった。アメリカ人と日本人の血を引き、英語はしゃべれないが、とにかく目の覚めるようなイケメンだ。

なぜ、こんな私にイケメンの彼氏ができたかといえば、出会いは街角の「ナンパ」だった。私は出会った瞬間から、「この人が私の運命の人に違いない！」と、年甲斐もなく胸をときめかせてしまった。

占い師に見てもらう必要もないと感じたため、その当時ホームレスだった彼を自宅へ連れ帰り、あっという間に同棲へと持ち込んだ。我ながら、信じられない行動力だった。

その運命の男性が、

「俺、借金が1000万円あるんだ」

と、突然告白してきたので、「頭が悪いと思っていたら、耳まで悪くなったのか？」とびっくりした。これがイケメンじゃなかったら、「別れましょう」と三行半《みくだりはん》を即座に突きつけ

るところだったが、とにかく顔面がどストライクだったために思いとどまり、「占いで100万円散財した」という過去の自分を、彼氏にはいっさい黙っている引け目もあったために、そのまま自宅に住まわせることに決めた。

当初は家に生活費を1円すら入れてくれなかった彼氏だったが、私も手前味噌ながら、16年目の大御所ＯＬ。薄給ながらに、2人分の食費をまかなうぐらいはなんとかなった。

「彼氏のためなら、風俗以外はなんでもやる！」

と、入れなくてもいい気合いを入れて、仕事前の早朝に、パチンコ屋で台拭き掃除のアルバイトをするという涙ぐましい努力を始めた。昔からどうでもいいところで根性を発揮する性質だ。

そんな、名曲「神田川」も真っ青の、ド貧困生活ぶりだったが、ただひとつ、メリットがあったのは、占いを受けに行く暇とお金がなくなったために、占い難民を脱することができたことだった。

彼氏とは喧嘩が絶えず、「このままじゃすぐに別れてしまうかも」と、彼氏を失うことよりも負け犬に逆戻りすることのほうを危惧していた。

彼氏は、新宿歌舞伎町のホストクラブで新米ホストとして働いていた。

売れないホストだった彼氏は、外で客引きをするのがあまり得意ではないらしく、家のなかにいる私に目を付けて、毎日のように、「店に飲みに行こう」「今日は10万円使ってくれ」と、財布の中にありもしない10万円をせびってきた。

私に一目惚れしてナンパしたわけではなく、ただ客引きのためだけに声をかけてきたのだった。

百歩譲って、私に惚れてなくても、生活のために同棲したならいいが、ただでさえ不幸な私を奈落の底に突き落とそうとすることは許せない。

2人の喧嘩は、だんだんとエスカレートしてゆき、「ベランダから飛び降りる!」「あなたを殺して私も死ぬ!」と、私が彼氏を脅迫するまでになっていった。ついには警察まで巻き込んでしまい、「いい年して、世間様に申し訳ない」と思うようになっていた。

しかし、これほどまでに悩んでいたのに、占い師や霊能者に頼ろうという気は不思議と起こらなかった。

なぜなら、彼氏は、日本生まれ・日本育ちの日本人なのだが、見た目は100パーセント外国人で、私が最初に出会ったときにも、「日本語がお上手デスね」と、こちらがわざわざ拙い日本語で話したぐらいだ。

ワイルドさも只者ではなく、放っておくと、24時間は平気で寝続けてしまう。リンゴを差し出せば、皮をむかずに丸かじりする。味噌汁を作れば、鍋いっぱい分を飲み干してしまう。

そんなワイルドな人が、四柱推命や占星術に当てはまるだろうか？　この疑問に対して、私が導き出した答えはノーだった。宇宙レベルの声もこの人には降りてくるまい。

占い難民だった私が、占いに当てはまらない男性と出会った、ということが、人生って面白いと感じた瞬間である。

その後、他人のお金を巻き上げることにしか興味がなかったロクでもない彼氏も、一緒に暮らすうちに徐々に人の心を取り戻していき、今はともに暮らして三年が経った。ホストは辞めて、土木作業員として働きだした。少しずつだが、借金返済をしているので、完済後に結婚などの動きがあるかもしれないと期待している。

そして、もうひとつうれしいお知らせがある。都内に中古マンションを購入した！

テレビで有名なスピリチュアルカウンセラーのE氏が、「老後のために家を買いなさい」と本に書いていたのを読んでからずっと、「貧乏でも家だけは購入したい」と思っていたのだが、念願の夢が叶った。

家の場所は都内の一等地だ。築50年超え（東京には50年超えのマンションが乱立している）の古いマンションだ。これは余談になるが、今、東京ではタワーマンションが乱立しており、バブル時代に建てられた古いマンションを購入しておけば、建て替え時に追加資金なく、新築タワーマンションに住み替えできる可能性があるので、マンション購入はお勧めだ。

だが、我が家に限っては、住人はデイサービスに通っている老人ばかりで、彼らが廊下をヨタヨタと頼りない足取りで歩いているのを見るたびに「この人、いつ孤独死するだろうか」と、勝手に肝を冷やしている。そんな毎日だ。

家を買ったおかげで、ようやく私も一人前になれたと痛感した。実家の母親に、「家を買って、彼氏もできた」とうれしい報告をしたら、「家を買ったことはいいが、その年で、9歳年下の彼氏とは何事か。また騙されて！」と、涙ながらに叱られた。親孝行って難しいものだ。


占い難民を脱した私だったが、家を買う際には、天の力に頼りまくった。まず、四柱推命や占星術で占いをしてから、家を買うのに適切な時期を選ぶことにした。

住宅ローン審査に落ちてしまったときはショックを受けたが、知り合いの陰陽師系の占い師に相談をし、その人から陰陽道の秘儀を伝授してもらった。

秘儀のことをここに書くのは控えるが、少しだけ説明すると、神社仏閣の高尚な波動エネルギーを自宅へ導入し、運気を最高潮に引き上げる方法である。それを行ったおかげで、あれよあれよという間にローン審査の難関も無事に突破できたので、家を買うことができた。

ここでもうひとつ余談。実はマンション購入の前に、知り合いの宇宙系占い師のSさんに相談していた。

Sさんは、「うーん……」と斜め上を見ながら霊視をしていたが、なかなか答えが降りてこなかったので、「実は、家の前に別のマンションが建っていて、そのせいで日中も薄暗いのが気になっているんです」と相談をしたら、Sさんが、

「部屋が薄暗いの？　悪霊がいるからそこは止めておきなさい」

と、自信ありげにのたまった。「もし日当たりのことを伝えてなかったら、答えは違ったんじゃないか」という気がしたので、この答えはあてにしなかった。

Sさんはなおも、「5000万円で新築マンションを買うといい」「もっと別の場所がいいよ、代官山とか」と、すました顔で話してきた。それを聞いて、

「代官山に5000万円の新築マンション⁉　それが買えたら、占いに頼らない！」

と、怒りたくなった。

だが、この日はもともと「相談料が払えない」と泣きついてタダ見してもらったという背景があったので、なにも文句は言えなかった……。

お節介な性格のSさんは、その後もしょっちゅう、「彼氏と別れたほうがいいよ」と、こちらが聞いてもないアドバイスを勝手にしてくる。

もうひとつ、余談。マンションを購入した後に、知り合いの霊能者のS嬢を家に招いて、部屋を霊視してもらった。S嬢は、寝室に置いてあったベッドを見るなり、「あれ、これ……」と表情を曇らせた。

「なにかたくさんの人の邪念が枕から立ち込めているんですが、どうしましたか？」

それを聞いて、「バレた」と思いながら驚いたのは、この家の前オーナーが、「民泊」を経営していた中国人実業家で、この家は、「民泊ビジネス」が行われた場だったのである。3年間、民泊経営した後で、前オーナーはマンションを売り払うことにしたが、中国へ家具を持ち帰るのが面倒臭くなったのか、家具一式を、全部私にタダで譲ってくれた。貧乏な私は、「ありがたや」と、すがりつかんばかりに感謝し、使い古しのシーツや枕カバーまで普段使いしていたのだ。

3年の間に、どれだけの人が、このシーツと枕カバーを使っただろう。

「たくさんの人の邪念が立ち込めている」という、ごもっともな指摘に目から鱗が落ちた。

S嬢は、加齢臭のように枕に立ち込めた邪念のことよりも、「他人が使った枕カバーを使うなんて……」と、私の取った行動のほうにドン引きしていた。「実は洗ってもいません」などと打ち明けたら、潔癖症なS嬢は卒倒するだろうと思い、親切に黙っておいた。

そんなわけで、相変わらずの暮らしぶりである。皆さんも占いを賢く使って、人生明るく楽しく過ごして欲しい。結局、なにが楽しい人生かは本人にしかわからないのだから。

解説

yuji

そもそも占いとは

人は得体の知れないものを怖がるものだ。

いや、怖がるというより〝不安〟を感じるといったほうがよりフィットする表現かもしれないが、いずれにしても素性の分からないものを人は正確にジャッジすることができない。

なんなら、それら〝分からないもの〟に過剰なアレルギー反応を起こすことすらあるから、恐怖、不安、心配を生み出す〝知らない〟という状態は意外と厄介だ。

〝東京は怖いところだ〟とか〝都会は危ない〟とか東京に住んだこともない人から言われる「上京物語あるある」や、一昔前なら株、今なら仮想通貨やNFTやメタバースの世界とかもよく分からないから怖く感じるものなのかもしれない。
そして、そのよく分からないからこそ怖いとか、詳しくは知らないけれどイメージだけでジャッジしてしまうものの筆頭が、実は占いではないかと思う。

老いも若きも、洋の東西を問わず、占いを知っている。
だが、これは長年、鑑定の現場にいて人を沢山《たくさん》観てきた私だからこそ言えることかもしれないし、しかもいきなり断じてしまって恐縮ではあるけれど、世界の人々の実に99％は〝占いのことを詳しくは知らない〟とも思う。

朝のTV番組では各星座のランキングが毎日出てくるし、また、年末恒例の〝来年の運勢〟みたいな特集の結果や、初詣でのおみくじの吉凶に対し、人は一喜一憂している。実際、それほど私たちの日常や風習に入り込んでいるのが占いであり、自分の干支や星座を知らない人はいないと言えるほどに〝占い〟(やそれに類するもの)は国民的コンテンツとなっているのだ。

だから、多くの人は占いを知っている。

だが、繰り返すが、「占いとは何かを知っている人」はほとんどいないのではないか。

少し挑戦的な物言いになるが、良い機会なのでちょっと意地悪な質問を読者の皆様にしてみたい。

「占いって何ですか？」と。

「えー占いは、12星座があって、それぞれ性格とか気質が当てはめられていて運気とかが分かるものでしょ」とか、

「木火土金水とかにわけられて、それぞれに補完しあったり刺激しあったりする……あれだよね」とか、

「私はペガサス！　旦那は狼！」とか（苦笑）。

この問いに対しては、きっと各々が持つ占いに対する一家言、それらをご披露いただけるのではと思うのだけれど、鑑定の現場で10年以上観させていただいた立場からすると、そのほとんどが〝不正解〟であることを保証してもいい。

それほど、〝占い〟はそれぞれが勝手にイメージを膨らませているもので、逆にいえば、

ここまで〝輪郭〟がおぼろげで、かつ、みんながなんとなく知っているものって他にはないのではないだろうかとも思えたりもする（国民的コンテンツなのに！）。

また、昨今だとそれにスピリチュアルなる潮流も加わって、スピリチュアル／占い／霊視・霊能力みたいなものがごちゃ混ぜになり見事にミックスピザ化して〝スピ系〟なるお皿に載せられがちでもある。

そのため、〝占いを知っているようで知らない〟人々からすると、ますます謎なものになってきている感があるのが占い・スピ業界なのだ。

実際、〝超絶カオス〟な状態ゆえ、業界内の人でも自分の領域以外のモノ・コト・ヒトとは接点がなく、よく知らないという方も多いのではないだろうか。

私も星読みの世界の片隅で星読み連載や書籍を出させていただいている「アストロロジャー」のはしくれではあるけれど、実は横のつながりは全くと言っていいほどなく、ましてや業界外の先生方のことが耳に入ることなどほぼ皆無なので、本当に私はこのカテゴリに属しているると言っていいのか？　と思うこともしばしばである。

このように業界の中の人でも〝よく分からない感じ〟になっているのがこの世界なので、

外の世界の住人（つまり一般の方）であれば、このジャンルの〝理解不能度合い〟は推して知るべし……だろう。

これからの世界のトレンド

ただ、2020年末にはツイッターで〝風の時代〟なるワードがbuzzワード入りしたように、占星術・スピリチュアルといった〝目に見えない世界〟は日に日に〝リアルな世界〟にも浸潤。北米では星を使った出会い系アプリが流行り、ビジネスの世界においてもワールドワイドにそのプレゼンスを高めていることから、もはや〝わからない〟とか〝所詮占い〟などとは言いづらい空気が形成されつつあると思っているが、皆様はどう感じておられるだろうか。

ちなみに私の最も得意とする西洋占星術のセオリーに当てはめてみても、これからは〝水瓶座・魚座のパワー〟が増し増しとなる時代とされる。水瓶座も魚座もオルタナティブ・スピリチャルなパワーを司るサインなので、そういった〝今までとはちょっと異なる、なんなら見えない世界がだいぶアンダーラインされるような世界観〟が今後は拡大していくこととなるはずで、そうなればますます〝占いなんて〟とか〝所詮星！〟とか言いづらくなり、気づいたら〝周りはもう皆、星がある程度読めちゃう！〟とか、それぞれが〝お抱えのヒーラーやスピリチュアルコンサルタント〟を持つような時代になっていてもおかしくないのでは？　と思っていたりもする。

実際、ここ数年、波動医学や量子療法等〝見えないもの〟を扱う治療家は増加の一途を辿り、音叉やクリスタルボウル、キネシオロジー、ホメオパシー等も身近なものになりつつある。その流れはこの世界に現れ始めているし、また、お堅いお仕事についていた人たちがこ
こ数年でカウンセラー、トレーナー、コンサルタント、ヒーラー等に〝転職〟する例が多いこともその兆候の一つではないかと思うのだ。

このように人は大いなるリズムと共に動いている。

ただそれは人の作りだした人の世のリズムではなくて、太陽、地球等、我々が生きるこの宇宙のリズムのこと。それこそがこの世界の基準であり、私たちが共にビートを刻むべき、この惑星の音楽ではないだろうか。

そして、それを分かりやすい形で伝えてくれるのが星であり四柱推命であり紫微斗数であり、いわゆる、占術と呼ばれるものの本質なのだと思っている。

見えない世界のガイドのガイド

さて、そろそろ本題であるこの本の解説に移ろう。

今まで占いとかスピリチュアルとか、いわゆる〝見えない世界〟についてのことを散々語ってきたわけだが、この本はそんな見えない世界のガイド（つまり占い師）たちのところを1000万円以上もかけて渡り歩き、被鑑定実績を積み上げた方だからこそ書けた本である。

この本のどこにも〝〜〜らしい〟なる表現はなく、いい先生の鑑定もよく分からない先生とのやりとりも、全てのセッションが著者自身の血肉になっているからこそ伝わってくるリアルが随所に感じられる。

私も体験論者だから分かる。

〝体験していないこと〟を井戸端会議でならまだしも、公に書いたり語ったりすることには大きな抵抗がある。

リアルさこそが人の心を動かすものであると思うから、そんなこととてもではないができない性分だ。

また、お会いした方全てがいい先生でした〜という感じではなく、時にはすごくシビアなことが書かれていたり、鑑定中の心の動き、内心どう思っていたか等、一切の忖度なくはっきりと現場での体験が綴られていることにも非常に好感が持てる。

とはいえ〝鑑定する立場〟としては、読みながら〝え！　セッション受けながらそんなこと思ってたの？〟とぎくり！　とさせられることもあったし、〝こ、これはわたしのことかしら？〟と思ったことも一度や二度ではない（実際に著者の方とはお会いしたことはないのだけれど）。

特に第1章は読者が著者と占い師のすぐそばにいて二人のやりとりを眺めているかのような臨場感を伴って迫ってくるとても読み応えがあるパートだが、本来そこは〝二人だけでやりとりする空間〟のはずなので、観てはいけない秘密の花園を覗いているような不思議な背徳感を覚えながら拝読した。

そして、この世界に片足以上を突っ込んでいる者であるにもかかわらず、〝え！　そんな変わった先生もいらっしゃるのね！〟と思ったこともしばしばで、この世界の深さ、広さ、多様さ（いや、もうカオスって言っちゃおうか！）を再確認し、〝本当にこの業界はよくわからないな。そりゃー怪しいとか言われるよな〟などと思った次第である。

さて、そんな〝よくわからないもの〟である占いの世界だが、この本に記されているあれこれを見るうちに、なんと、もっとそのカオスの世界に触れてみたい！　と感じ始めてしまった。

え、そんな面白い先生がいるの？　そんなファンキーな格好で待ち合わせ場所にやってくる人がいるんだ⁉　など、この本を読み進めるうちにいわゆる〝普通〟とか〝自分の世界観〟の外にあるものに引きつけられてしまったのだ！（だから、今更ながら私も観てもらいに行ってみようと思う！）

そして、このアガル感情は、〝あの教会に行ってみたい！　あの名物も食べてみたい！　あの絶景も絶対に拝みたい！〟的な、旅行に行く前の高揚感に近いように思った。

誤解を恐れずに言えば、占い・スピリチュアルの世界は、ある意味、めくるめくワンダーランドだ。

占う方も占ってもらう方も、その世界観に没入することで最大限に楽しみを享受できるエンタメの世界。

そんな至高のドキドキとワクワクを感じられるのが占い・スピリチュアルなのだけれど、

惜しむらくは、受ける側にそのリテラシー、鑑定を受ける心算、準備がないということだ。〝占いの正しい受け方〟なんて家で教わることも学校で習うこともないだろうからある意味それは当たり前のことなのだけれど、鑑定をする側から言わせてもらうならば、〝もっとうまく我々を使って欲しい〟というのがある。

そしてこれは、きっとほとんど全ての先生が同意してくださるのではとも思っているのだけれど、そんな〝全鑑定士〟の願いにドンズバで答えてくれるのがこの本ではないだろうか。

読了した方はお分かりかと思うけれど、ここには自分にぴったりの占い師の選び方、占いに際しての心がけ、事前に準備しておいた方がいいことなど、〝占いリテラシー〟を高めるための手法が著者の体験とセットで、これでもか！　と、びっしり書いてある！

これはもう、地〇の歩き方ではないが、「占い界の歩き方」と呼んでもいい本なのでは⁉　とだいぶテンションが上がりながら一気に読了してしまった。

最後に、冒頭の〝知らないが不安や恐れにつながる〟という話に戻るが、最後までこの本を読んだ方なら、もう存分に「占い業界のあんなことこんなこと」をしっかり吸収できたはずだから、もう〝占いを怖い〟などとは感じないのではないだろうか。

占いの世界――それは怖い世界でも何でもなくて、ちょっとお茶目でミステリアスで、なんならだいぶファンキーな、とっても人間臭い世界かも⁉　なんて思っていただけたのではないか。私自身、占いの世界ってエッジが効いたおもしろ人材の宝庫だよなとすら思ってしまった。

そんなわけでこの本が爆発的に普及して、〝占い＝《イコール》怖い、如何わしい〟といった概念が早くこの世から無くなっていけばいいなぁと思っているし、この世界の末席に身を置くものとして、占い・スピリチュアルへのアレルギーが世界から軽減することを心から、本当に心から祈念してやまない。

――星読み係

この作品は二〇一八年二月すばる舎より刊行された
『気になるスピリチュアルカウンセラー全部かかってみました!』を改題し、加筆・修正したものです。
本文デザイン　小川恵子（瀬戸内デザイン）
協力　野口英明

幻冬舎文庫

●最新刊
ご飯の島の美味しい話
飯島奈美

映画「かもめ食堂」でフィンランド人スタッフに大好評だった、おにぎり。「夜中にお腹がすいて困るよ」と言われたドラマ「深夜食堂」の豚汁。人気フードスタイリストの温かで誠実なエッセイ。

●最新刊
ああ、だから一人はいやなんだ。2
いとうあさこ

セブ旅行で買った、ワガママボディにぴったりのビキニ。気づいたら号泣していた「ボヘミアン・ラプソディ」の〝胸アツ応援上映〟。〝あちこち衰えあさこ〟の、ただただ一生懸命な毎日。

●最新刊
意地でも旅するフィンランド
芹澤　桂

ヘルシンキ在住旅好き夫婦。暗黒の冬のフィンランドから逃れ、日差しを求めて世界各国飛び回る。つわり、子連れ、宿なしトイレなし関係なし！　馬鹿馬鹿しいほど本気で本音の珍道中旅エッセイ！

●最新刊
4 Unique Girls
特別なあなたへの招待状
山田詠美

あなた自身の言葉で、人生を語る勇気を持って。日々のうつろいの中で気付いたこと、そこから生まれる喜怒哀楽や疑問点を言葉にして〝成熟した大人の女〟を目指す、愛ある独断と偏見67篇!!

●最新刊
さらに、やめてみた。
自分のままで生きられるようになる、暮らし方・考え方
わたなべぽん

サンダルやアイロン、クレジットカード、趣味のサークル活動から夫婦の共同貯金まで。「こうあるべき」をやめてみたら本当にやりたいことが見えてきた。実体験エッセイ漫画、感動の完結編。

気《き》になる占《うらな》い師《し》、ぜんぶ占《うらな》ってもらいました。

さくら真理子《まりこ》

令和4年2月10日　初版発行

発行人――石原正康
編集人――高部真人
発行所――株式会社幻冬舎
〒151-0051東京都渋谷区千駄ヶ谷4-9-7
電話　03(5411)6222(営業)
　　　03(5411)6211(編集)
振替00120-8-767643
印刷・製本―図書印刷株式会社
装丁者――高橋雅之

幻冬舎文庫

ISBN978-4-344-43166-9　C0195　さ-46-1

幻冬舎ホームページアドレス　https://www.gentosha.co.jp/
この本に関するご意見・ご感想をメールでお寄せいただく場合は、
comment@gentosha.co.jpまで。